天下文化

BELIEVE IN READING

1963 年張孝威與父母親於小學畢業典禮後，於再興小學校園合影。
（照片來源：張孝威提供）

張孝威幼年時（左一）與長兄合影於台北老家院內。（照片來源：張孝威提供）

八〇年代張孝威與夫人（後排站立者）及長女合影。（照片來源：張孝威提供）

八〇年代張孝威（後排右一）與母親及兄妹合影。
（照片來源：張孝威提供）

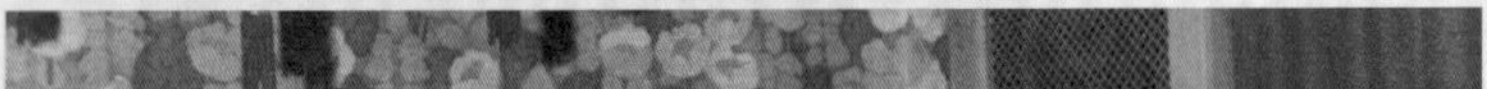

1975 年張孝威（左一）與好友蔡力行（中間站立者）、應保羅（台大時期三劍客）合影 。（照片來源：張孝威提供）

How The Morgan Bank's office in Taiwan can help you and your company

Morgan officers who serve the Taiwan market include, from left, Leon Ku; Joseph Lui; Harvey Chang; John Paul Garber, head of the office; Yancy Hai.

Morgan Guaranty is a worldwide wholesale bank, serving corporations, banks, and government agencies. We have long been a major factor in financings for Taiwan—directly, and through our affiliate, the China Development Corporation. We know the country and its markets, how the markets are changing, how to help clients adapt.

Our worldwide resources

Morgan's extensive financial resources, multinational business connections, and short lines of communication add special value to a banking relationship.

Companies in Taiwan are growing fast, consolidating their recent gains, and going after new markets, domestic and international. They want help in basic banking: corporate finance, short-term funding in alternative currencies, trade finance, letters of credit, foreign exchange advice on trade flows.

A range of services

But growth, and the fast developing financial markets of Taiwan, requires more. Morgan's approach to wholesale banking is working for companies in Taiwan because it means financial relationships that look beyond short-term transactions. We're committed to playing a financial advisory role that lets us deliver the innovative services Morgan is known for worldwide.

We examine your short-term financing options in relation to the cost and availability of medium-term funds and the implications of foreign exchange exposure. For expansion projects we investigate alternative long-term financing, the potential impact on your balance sheet, the possibility of offshore funding on turn-key projects. We may even propose beneficial changes in company structure.

We can call on Morgan specialists in export credit, in mergers, in project finance. We closely coordinate with our other regional offices in Tokyo, Singapore, Hong Kong, Kuala Lumpur, and elsewhere to provide timely advice.

Consult with Morgan

For more information, write or call John Paul Garber, Vice President and General Manager, Morgan Guaranty Trust Company, Bank Tower, 205 Tun Hwa North Road, Taipei 105, Taiwan. Telephone 2-712-2333.

Member FDIC

The Morgan Bank

1981 年摩根銀行台北分行首次在台北正式營運，並刊登大幅圖文廣告，其中張孝威（中間站立者）、古台昭（左一）、海英俊（右一）皆網羅在摩根台北分行旗下。（照片來源：摩根銀行提供）

1981 年 9 月，張孝威與美國摩根銀行董事長路易士・普林斯頓（左一）合影於該行台北分行開幕慶典。（照片來源：張孝威提供）

台積電時期與張忠謀董事長（左一）合影。（照片來源：張孝威提供）

張孝威與台積電總經理蔡力行（左一）出席台積電法人說明會。（照片來源：張孝威提供）

2003 年 8 月就任台灣大哥大總經理前夕，接受媒體專訪留影。（照片來源：張孝威提供，源自《商業周刊》採訪拍攝）

2006 年亞太商工總會於台北舉行年會暨慶祝成立四十週年，張孝威（坐於中間者）於當年接任會長。台積電張忠謀董事長（左二）應邀出席，擔任主題演講貴賓。（照片來源：亞太商工總會）

2012 年張孝威（左起第十位，中間站立者）於姑姑張心漪女士（前二排左起第三位）97 歲壽宴時與家族合影。（照片來源：張孝威提供）

2008 年 12 月美國艾森豪基金會總會會長約翰・沃夫（John Wolf，右一）訪台時，與張孝威合影。（照片來源：張孝威提供）

2010 年 11 月 G 20 於首爾首度舉辦企業領袖高峰會，全體出席人員大合照，張孝威是台灣唯一獲邀出席之企業界代表（右四排第七位）。（照片來源：達志影像提供）

2017 年 12 月艾森豪獎金協會年會全體出席者合影，張孝威時任協會會長。（前排右第五位，照片來源：張孝威提供）

張孝威於 2001 年創辦 IC 之音電台並擔任董事長迄今，2012 年代表 IC 之音領取最佳專業頻道獎，此為 IC 之音第三度獲此殊榮。（照片來源：IC 之音提供）

財經企管
BCB638

縱有風雨更有晴

張孝威 直說直做

台灣公司治理先驅、TVBS 董事長
張孝威——著

推薦序

船過不宜水無痕

前行政院院長 陳冲

長期以來，對傳記式文學，尤其是自傳，我都抱持以敬意。因為能將過去事蹟重現，縱然平日有誌事輔助，也必須記憶力驚人；更重要的是自傳中涉及不少的人物與事件，其中豈無銳邊利角。猶記離開公職後，也有熱心友人建議寫本自傳，但誠如我在專欄集錦《扳動轉轍器前的思考》自序中所述：「自傳要實話實說，難免傷人。」偏偏孝威（人稱 Harvey）書名的副題就是「張孝威直說直做」，膽識十足，其能為我所憚為，更增添肅然起敬的心情。

孝威長兄張愛倫與我同是台北特色學校大安初中第一屆創校同學。兄弟雁行，孝威兩年後也進大安，這是我與孝威初識於青春年少時。及長，我與孝威先後進入台灣金融界服務，這時我們時有交往。孝威認真治事的態度，已在業界聲名鵲起。孝威近年來舉辦兩岸青年領袖研習營，多次邀我擔任開幕式主題講座，得以再次觀察其運籌帷幄之宏觀與細膩，印象深刻。

孝威在本書中回顧三十五年職場生涯以及心路歷程，其中所凸顯的專業、眼界、堅持與執著，無疑是年輕人的典範；而其跨越金融、電信、科技與媒體的經營長才，則是一般人可企卻不易及的境界。至於孝威所述在人生每一個轉折點，他的思考策略、步驟與節奏時，所納入斟酌的元素，都是極寶貴的人生經驗，孝威此次勇於分享，令我惋嘆，恨遲讀本書五十年。

孝威在金融界頭角崢嶸，與其尊翁相隔多年，均以英年先後出任中華開發公司總經理，並皆為艾森豪獎得主，傳為佳話。表面上孝威在職涯上屢獲拔擢，實際上他是早已 well prepared，有機遇就能掌握。對此新冊，我有幸先睹為快，發現孝威人生最關鍵的機緣，其實是三十一歲時被徵詢出任中華開發副總，卻因俞總裁持保留意見而作罷。孝威於今思及，當時果若成真，「對我、對開發，也許都不算上策」。誠哉斯言！記得三十年前我出任農民銀行企畫部經理，雖然是科班出身，由基層辦事員逐級升遷，但因年僅三十九歲，在工作上仍難免遭遇某些排擠，所以孝威當年三十一歲英姿，如未失之東隅，頗有可能負傷累累，豈有日後收之桑榆的甜美。雖然在自序中，孝威認為嗣後在開發總經理任內十三個月充滿艱辛，無異噩夢，但由此段經歷在本書所占篇幅的分量之重，可以看出中華開發對孝威一生的影響。

書中有一段看似與孝威無直接關係的記載，但卻值得一提。孝威在花旗銀行服務期間，曾被選派參加 AMTU 的課程。AMTU 是花旗重點培訓精英幹部的七週海外訓練計畫。依華人社會傳統思維，既然耗費大量時間及人力、物力培訓，自然期待學員在此長期服務。但花旗銀行卻在訓練最後一日安排「思考職涯規畫」的課程，雖非鼓勵離職，但卻係主動輔導學員思考職場下一步，其中所代表一種開闊的心胸，以及人才是社會資產的視野，值得國內企業仿效。

艨艟巨艦入水，必有可觀波瀾，孝威職場奇緣，豈可鳥飛不留影，船過水無痕，欣聞本書行將付梓，爰為之序。

自序

歷事才能練心

張孝威

我自赴美完成學業即踏入職場，迄今已逾四十個年頭。其間歷經金融、高科技、電信及媒體四個不同的產業，在各個不同的產業經歷了許多值得回憶的人與事，近幾年來常有機會與年輕人分享我的職場經歷，得到很大的迴響，引發我提筆撰述的動機。

我的人生轉折開始於大學三年級，那年我的父親因心臟病驟逝，家庭遭此劇變讓母親完全亂了方寸，我與大哥扛起家中大小事務。突然加諸於身上的責任喚起我的危機意識，讓我佇足思考我的未來，猶如十倍速的成長。那年夏天，我決定畢業後改讀企業管理，就此踏上企業經營之路。

我於一九七七年取得企管碩士後，在金融業一待就是二十年。金融業是一個講求專業及紀律的行業，我沈穩內斂的個性非常適合於其中發展。我自考進美國花旗銀行台北分行起，在事業上的發展可謂平步青雲，兩年的華頓商學院加上七年的外商銀行歷練，讓我在專業上奠定了良好的基礎。第二個九年，我經歷了交通銀行高階主管、大華證券總經理，並於四十一歲那年獲拔擢為中華開發總經理。這個階段我因工作上亮麗的表現在金融業闖出名號。不料，中華開發的任命竟成了一個噩夢，短短的十三個月任期充滿了艱辛，我隨後轉任關係企業中華投信董事長的閒差，這樣的轉變對當時年方四十出頭的我，猶如從高峰跌入了谷底。接下來平淡的兩年好比我職涯樂章中的休止符。這二十年（一九七五年到一九九五年）或可稱之為職場歷程第一階段的寫照。

一九九六年年初，和信集團力邀我籌備和信電訊，揭開了我職涯第二階段的序幕。此後兩年我接受了跨業經營的洗禮，改變了我原本認定自己一輩子從事金融業的想法。我帶領和信電訊的籌備團隊，投入一場激烈的行動通訊執照競爭，並且脫穎而出，和信奪得北區行動通訊執照。公司正式成立，我獲選為和信電訊副董事長，我也準備辭去原職，全心投入這個新挑戰。但計畫趕不上變化，和信電訊正式成立了，我卻被張忠謀董事長延攬轉入高科技產業，出任全國最受矚目的企業——台積電的財務長。事後來看，這是一個重要的轉機，但當時對我而言，這是一個有點冒險的決定。然而，我在台積電五年半的收穫遠遠超過我的想像，我在書中第七章有詳盡的描述。

台積電提供了絕佳的舞台，讓我詮釋一個活躍於國際資本市場的大企業財務長所扮演的角色，若要稱職的表現必須有足夠的歷練，方能隨時掌握公司產業環境的變化及決策者的經營策略，而不是將自己侷限於財務數字之內，這樣的職務與在本土企業擔任財會主管有很大的差異，我的分享或許可供讀者做為借鏡。五年半後我離開台積電，出任台灣最大民營電信公司台灣大哥大公司總經理暨執行長，在台哥大七年半任內，我徹底翻轉了這家公司，公司的市值翻倍成長，並躋身為國內十大標竿企業。我累積多年的公司治理理念得以在這段期間逐步實現，這是我職涯中最有成就感的一段日子。回顧第二階段的這十五年，我在事業上有突破性的發展，也交出漂亮的成績單。這段期間不論在和信或台積電、台灣大哥大，我在工作上都給自己一個相同的目標，就是追求卓越。

追求卓越來自於我的人格特質，我是一個有強烈使命感及堅定意志的人，一旦決定該做的事就不會輕言放棄。我喜歡嘗試新的事物，而且一旦開始就有決心把事情做好。職場中最吸引我的不是金錢，也不是權位，而是能夠把事情由無變有的成就感。我做事堅持對事不對人的原則，如果我相信我做的事符合多數人的利益，即使會得罪既得利益份子也無所畏懼。我擅長觀察人及建立團隊，「帶兵要帶心，威信是關鍵」是我的領導座右銘，因為威則可畏、信則樂從。我治軍不僅有威有信，更多的是我為屬下提供可發揮的舞台及成長的機會。在我四十年的職涯中，有不少人因為參加我的團隊而在日後闖出自己的一片天，這是我最引以為榮的一件事。

撰寫這本書給了我一個重新審視職場前三十五年歷程的機會，歸納起來有以下幾點心得跟讀者分享：

1 想在職場中出頭，專業是不可或缺的要素，但除了硬碰硬的專業實力，內在的軟實力——「誠信」也同樣重要。誠信雖是老生常談，許多人都把誠信掛在嘴上，但要能在關鍵時刻真金不怕火煉才是真的。

2 在職場中必然有得有失。處於順境時切忌得意忘形，目中無人，處於逆境時坦然面對，不要怨天尤人，所謂「退一步海闊天空」，一個人最大的敵人往往是自己。我在書中的第六章描述了一段際遇讓我明白一件事：面子不是那麼重要的事情。一個人若能及時領悟出這個道理，必然受益匪淺。

3 在職場中轉換跑道是一個正常的現象，不論是出於更好的機會或礙於形勢而做改變，都要以平常心視之。每一個新階段開始時，先問自己在新的階段真正重要的目標是什麼。切忌停滯在前一個階段不能下戲，唯有忘記背後、努力面前，才能成功扮演新的角色。此外，上台靠機會，下台靠智慧。要讓過去的結緣成為未來的助力而不是阻力。

4 在職場中面臨困難的抉擇時，分寸的拿捏需要經驗，要冷靜評估自己有多少分量及資源才會做出最佳的選擇。我是一個講究原則的人，在任何情況下，我都不願為五斗米折腰。因我深信若為了保住職位而放棄篤信的價值觀或職業道德，是得不償失的。但如何圓融的達到目的，並且避免誤解，甚至結怨，是成熟度的考驗。

5 領導要有威信，但也要兼顧對人的尊重。懂得對人尊重來自於心中謙和、沒有自以為是。沒有人十全十美，如何結合各人的長處，組成有戰力的團隊是一種境界。「有容乃大」是我做為領導者的座右銘。

6 認識我的朋友都知道我是基督徒，行事為人十分低調，因為我相信在人前的風光只是過眼煙雲，因此不喜歡出鋒頭，也不好面子。但我堅守《聖經》中的原則，對涉及原則的事不輕易讓步。我有嫉惡如仇的潔癖，有時為此也給自己惹了些麻煩。

我早已逾耳順之年，出版這本書是對自己生命歷程的交代，憶及過往難免有些感慨。但不論曾經受過什麼委屈或有任何遺憾，我知道上帝已經加倍的補償了我，為此我心中有無限的感恩。期盼這本書除了述說我的奇幻旅程，也能為讀者帶來一些啟發或共鳴。

張孝威

二〇一八年一月三十一日於台北

張孝威 直說直做

推薦序 船過不宜水無痕 陳冲 3
自　序 歷事才能練心 張孝威 7

第一章
青春壯志：我的家世、求學及留美歲月
家世與求學 20
華頓商學院的洗禮 26
進入美國廣東銀行 39

第二章
蓄勢待發：在外商銀行練就大格局
花旗銀行的養成 48
摩根銀行初試啼聲 62

第三章
嶄露鋒芒：交通銀行破天荒的人事任命
接任交銀國外部經理 78
在交銀國外部的創舉 98
主動爭取信託部經理 105

第四章
大展身手：帶領大華證券成為業界翹楚
在業界闖出名號 118
開辦初期的紛擾 122
承銷業務打響名號 138
債券業務領先同行 147
開國內證券業併購先河 153

第五章
正面對決：中華開發公司治理之爭
意外的總經理任命 160
大喬機械投資案 174
建達食品授信案 184
內神通外鬼的凌翼案 190
為中華開發的公司治理鋪路 202

第六章
低谷徘徊：轉調中華投信，創辦和信電訊
由局外人變關鍵人 216
冷板凳的試煉 222
柳暗花明又一村，參與創設和信電訊 234

第七章
重出江湖：再披戰袍，接下台積電財務長
張忠謀的來電 248
併購德碁和世大半導體 263
九二一震出國際市場地位 271
發行美國存託憑證募資 277
建立ABC成本會計制度 281
台積電的公司治理之路 286
第八章
扭轉乾坤：重振台灣大哥大
將軍的最後一役 294
3G開跑 302

企業文化大革命 310
公司治理大變革 315
收購台灣固網 330
功成身退 334

後記 正在一段征途上 342

附錄 張孝威個人大事記 346

第一章

青春壯志：

我的家世、求學及留美歲月

我父親是一位能言善道的人，只要飯局裡有他在，整個飯局一定是從頭到尾笑聲不斷，熱鬧連連，絕無冷場，且賓主盡歡。結果，居然有人以「最沉默的人」來形容我父親的個性，令我非常的驚訝！然而，當下心中又轉念一想：「原來，沉默這件事，竟然也是可以被改變的！」這對當時因為沉默的個性，在求職過程挫敗連連的我，是莫大的鼓舞！

家世與求學

根據族譜，我的祖先可追溯至三百年前先祖仕冕公由金陵遷至廣西永福縣定居。算起來，我是第十代子孫。我的祖父其鍠公，字子武，是一個能文能武，具有傳奇色彩的人物。他是清末進士，善詩文，精墨學，著有《墨經通解》等書。他也是陸軍上將，曾任湖南都督府軍務廳廳長、廣西省省長等要職。他最為人知的故事是他與直系軍閥吳佩孚因兩軍對峙而談判，會面時兩人相見恨晚而結為莫逆之交。祖父自此委身於玉帥（吳佩孚）帳中，擔任其總司令部祕書長，備受吳氏敬重，尊稱省長而不名。民國十六年隨吳部敗走，入川途中不幸罹難。

我的祖母聶其德女士，出身上海聶家。祖母的父親聶緝槼，字仲芳，係湖南衡山望族，曾任上海製造廠總辦，是當時左宗棠辦理洋務的得力助手，後調任上海道台[1]、江蘇巡撫[2]、浙江巡撫等要職，著有政聲。祖母的母親曾紀芬（號崇德老人）乃是曾文正公（曾國藩）的最小女兒，是聶緝槼去世（一九一一年）後，聶氏家族的精神領袖。我自幼年起，就常聽祖母用湖南鄉音講述崇德老人的故事及文正公的家訓，耳目薰陶之下自然受到影響。因為我的祖父長年在外奔波，祖母帶著五個孩子（心治、心漪、心澹、心洽、心滄）住在上海娘家。因此，我的祖籍雖是廣西，但因父親自幼生長在上海，與廣西方面少有聯繫。我們小時候會說的語言則是國語及湖南話，常常覺得自己得到較多的傳承來自湖南曾家。

父親英年早逝，倍速成長的青春

我的父親心洽先生一九二〇年生，成長及求學都在上海，自上海商學院畢業後，考入中國銀行，抗戰勝利後赴美取得哈佛大學企管碩士學位，歸國後仍然回到

注①：相當於現今上海市市長。
注②：相當於現今江蘇省省長。

中國銀行，畢生都在銀行界服務。一九四九年父親隨中國銀行遷往香港，次年再遷往台灣，就此在台落地生根。當時僅有極少數行員跟隨總行遷台，父親雖然年輕，即已嶄露頭角，因而得到時任中國銀行董事長兼台灣銀行董事長徐柏園的賞識。年齡方過三十，即蒙拔擢為台灣銀行國外部經理，並於一九五三年獲艾森豪獎，赴美訪問一年，為國內第一位獲此殊榮者。當時中央銀行尚未在台復業，台銀國外部肩負調度全國外匯的任務，亦即中央銀行外匯管理局的角色，父親擔此重任卻能游刃有餘。其後，政府為引進世界銀行長期資金，籌設中華開發信託公司，當局指派父親擔任籌備小組執行祕書，並於公司成立後出任副總經理，數年後升任總經理。父親於中華開發任職十四年，將中華開發經營得有聲有色，被世界銀行主事者譽為開發金融機構之典範，一九七二年不幸因心臟病突發驟逝於任內，得年僅五十三歲。

父親早年服務於中國銀行期間，奉調至昆明工作，因而結識母親丁桐女士，結為連理。婚後育有愛倫、孝威、令達、蓓蒂子女四人，我排行第二。父親英年早逝，對家庭的衝擊極大，尤其是母親。母親有很長一段時間無法從失去父親的陰影走出來，家中大小事都落在我與哥哥的肩頭上，對我而言，猶如家中的大樹倒了，失去父親喚起我的危機意識與責任感，有如十倍速的成長，我當時許下諾言，日後一定要出人頭地。為母親爭氣，爭回家族昔日的光輝。這對於我日後的發展有關鍵性的影響。

成績第一的外系生

我的求學過程十分順利，就讀再興小學時名列前茅，是師長心目中的好學生。其後兩次聯考，都分別以優異的成績考上第一志願的大安初中及建國中學。我的中學時代並沒有突出的表現。尤其進了建中後，建國中學學風自由，我高二時一度有點迷失，幸虧高三時在課業上及時追趕，大學聯考時，幸運的擠入全國最高學府——台灣大學。我在台大讀的是地質學系，頭一年讀得還算有興趣，但讀到第三年時開始覺得課程內容不再吸引我。三年級下學期時，父親的驟然離世讓我佇足重新思考自己的未來，決定畢業後不再繼續讀地質或相關理工學科。我知道我必須找一個我會喜歡的行業，由於我的哥哥是讀商，我也聽他說過去美國讀企管碩士（MBA）前景看好，而且美國大學的企管研究所招生不限於讀商的本科生，讀理工的沒有補學分的問題，因此，我動了念頭，想試試這條路是否可以走得通。

改學企業管理，要想實現這個計畫，首先要取得美國名校的入學許可，才能踏出第一步。申請美國的大學，教授的推薦函非常重要。我自己思量，我的推薦人最好有一位是商學院的老師，要讓教授幫我寫推薦函總得彼此認識，搭起這座橋的最佳途徑就是去商學院選修，所以我就在大四時去經濟系選修經濟學。那時教授這門入門經濟學課程的是劉師誠老師，他當時是經濟部次長，但在台灣大學兼課。劉老師教學非常認真，我每堂課都認真學習，而且課後也會自己閱讀家裡書架上的相關參考書籍。選修這堂課的都是經濟系一年級的學生，只有我一人是外系來的，第一次段考時，我考得不錯，引起了劉老師的注意。等到發考卷時，劉老師帶著一大疊考卷走進教室，第一個就喊我的名字，把批改過的考卷發給我，然後跟全班同學說，這位同學是外系來選修的，成績可以考得這麼好，你們這些本科讀經濟的同學要用功一點。劉老師就此認識了我，後來也幫我寫了有力的推薦函。劉老師給我的鼓勵，讓我對申請美國大學企管研究所增添了不少信心。

我的哥哥早我一年出國，他申請到美國維吉尼亞大學企管研究所的入學許可。維吉尼亞大學是一所很好的大學，我算是在哥哥身邊見習了整個申請過程，對於如何處理已經有了概念，也跟著依樣畫葫蘆。我寄出多件申請表格到各名校，也陸續收到不少回絕的信件。賓州大學的華頓商學院是最後兩、三個遲遲沒有回應的學校。

我記得很清楚，就在我當兵快要退伍時，有一天，我接到母親從家裡打來的電話，她的語氣非常、非常的興奮，因為美國華頓商學院，已經給了我入學許可。我心裡實在非常高興，準備退伍以後，要到美國去讀書。

華頓商學院的洗禮

華頓商學院是美國賓州大學的一部分，賓州大學屬於美國常春藤聯盟，是美國頂尖名校之一。華頓商學院歷史悠久，是美國第一所成立的商學院，在美國排行榜也名列前茅。

賓州大學座落在美國賓州的費城，是美國宣布獨立宣言的所在地。我到了費城以後，進到學校，一開始相當震撼！因為在美國上課的情況，跟在台灣的上課完全不相同。在台灣，只要你努力讀書，就會有好的成績，但是在美國，課堂的表現就非常重要。

名校的震撼教育，領悟思考與表達的重要

在進入研究所的第一年，特別是第一學期，有很多都是大班制，往往一堂課裡，有近百人在上課，許許多多的學生，爭相搶著發言。有一些外國學生，特別是來自印度或南美洲的學生，特別喜歡發言，老師隨手一個問題，他們就搶著要回答。

對我來說，這是非常不習慣的事情。有時，我覺得他們講的其實也沒什麼道理。但是他們就是這樣急於求表現。有的課，靠著晚上閱讀老師指定的課本或課外參考資料，還可以跟得上，但有些課就不一定能夠跟得上。尤其是，如果有些課程有相當程度是從美國本土的角度來看的，我常常會感到有些不知所云。

這樣算下來，有的課我還可以有不錯的成績，有的課則是滿慘的。其中有一門是基本管理學的課，我記得剛開始修的時候，第一次報告交上去之後，成績發下來，老師給了我一個「C」。我當時實在是有點震驚、害怕，心裡難免想：「再這樣下去，不知道會演變成什麼樣的成績？」

慢慢的，隨著課程的進展，我開始有些報告可以得到比較好的成績了，到最後，期末考考完之後，老師居然給了我一個「A」。我就發覺，原來，在美國課堂裡，還有很多小組的分組作業，如果你能拿捏到個中訣竅，事實上對成績會很有幫助。這個訣竅就是絕不能把老師課堂上所講的，原封不動的寫在報告中，這樣的報告是拿不到好分數的，一定要陳述不同角度的意見，才有可能拿到好分數。這其實是我第一次開始感覺到，「獨立思考與表達」是一個很重要的事情。

交了很多報告後我發現，其實，這些都是我們跟老師溝通的形式之一，目的是要讓他知道、跟他表達，我們到底學到了什麼。因為學生非常多，老師沒有辦法在課堂上一一注意到。

總之，在學校裡，我雖然非常用功，但成績並不是怎麼特別的好，但是，我交了很多從亞洲來的好朋友，尤其是香港，以及第二代華裔的美國人。

機會是爭取來的

一直等到學校快要畢業時，問題來了。那個時候是一九七七年，美國乃至全世界的經濟情勢，都不是特別的好，美國就業市場不是特別的活躍。就算如此，但是我的同學們，還是都得到很多面試的機會。而我得到的面試機會，往往只有他們的三分之一或四分之一。雖然也有幾個，但是相對來講，還是少很多。

尤其是我們到研究所二年級以後，有很多同學常常會被一些大公司邀到他們的總公司去面試，搭飛機到美國的西岸、芝加哥，或是德州等大城市，但我從來沒有得到這樣的面試機會。對這些同學，我心裡真是滿羨慕的。

研究所第一年結束時，許多同學也都得到暑期實習的機會，但是，我依舊沒有得到任何暑期實習的機會。於是我就到美國西岸去看女朋友。到美國西岸洛杉磯之後，我想，我就順便到美國舊金山去玩一玩。巧合的是，在洛杉磯時，女朋友的老闆請我吃飯，言談中提及，他有個姓趙的好朋友在舊金山，事實上，趙先生就在舊金山廣東銀行工作，他就很熱心的說，你可以找我這個朋友，所以我就去了。

那時，其實我對於廣東銀行不是有太多的了解，但是我知道，廣東銀行董事長孔士諤先生，是我父親的朋友。孔士諤先生是一位資深的銀行家，抗戰時期曾任中國銀行重慶分行副經理。抗戰勝利後奉派赴美，先後擔任中央信託局紐約分行經理及中國銀行紐約分行資深副總經理，深受財經首長倚重。

總之，我到了舊金山之後，就去找了這位我從未謀面的趙耀同先生，後來才知道，原來他是前經濟部長趙耀東先生最小的弟弟。趙先生很熱心，請我們吃飯，跟我們聊天，我也當面跟他表達，我正在尋找暑期實習的一個機會，但一直都找不到，不曉得廣東銀行會不會有機會？

趙先生說：「這個我就沒有辦法答覆你了，只有我們的董事長才能決定這個事情。」「您可否幫我問問董事長，是否能給我一個面談的機會呢？」我開口請教了趙先生。「我們董事長這幾天出差，不在城裡面，等他回來的時候，我問問看。」趙先生這樣回答。

雖說只等了兩、三天，其實，我在舊金山已待了快一個禮拜了，快要準備返回費城，心中難免有點著急，於是又打電話給趙先生，他說：「孔董事長這個週末才會回來，我還沒有機會問。」

「可不可以麻煩您幫忙跟董事長問一下？」我心中實在不想放棄這個可能的實習機會，情急之下，只好搬出我父親的名號：「請趙先生代為轉達，我是張心洽（Felix Chang）的兒子！」趙先生聽了之後，直接說：「好！」

週一上午，我就接到來自孔董事長的電話，邀我吃午飯，席間，孔先生很爽快的同意讓我暑假期間在銀行實習。那年的暑假，我就在廣東銀行實習了兩個月的時間。

原來，個性可以改變

等到研究所第二年的暑假，我在工作方面，還是沒有任何的進展，這一點，難免讓我感到沮喪。

當時華頓商學院裡，有一門專門指導學生「面試技巧」的小型溝通中心，裡面有兩位老師。我跑去找他們說，不知道為什麼，每次我去參加面試，後來都沒再被邀請到他們公司去訪問，我到底是什麼地方做得不好、不對？老師們就說：「好，沒有關係，那老師就來扮演面試官的角色，問你一些問題，同時用錄影機把整個面試過程錄下來，然後我們一起來看。你自己回去也要再練習，不斷改進你自己的缺點。」

我聽了溝通中心老師們的建議，照做了，但即使如此，我依舊沒有辦法因為改善我的溝通技巧，就獲得心中渴望的兩次面談機會。

一直到研究所第二年，第二學期都已經過一半以上了，來學校面試的公司家數也愈來愈少了。我心裡真的有點急，剛好美國運通銀行（American Express Bank）來面試，內行的人都知道，其實美國運通銀行在美國本土的營運規模並不是很大，它主要經營的是國際業務。我心裡評估，也許以這種國際業務為主的銀行，和其他同學比較起來，自己的「賣相」也許比較好一點，可能比較有競爭力，結果，面試以後，依舊沒有被美國運通銀行邀請進行第二次面試。

然而，第一次面試的當下，我自己覺得談得滿不錯的，但不知道為什麼最後還是沒有被選取。於是我就厚著臉皮，打電話給運通銀行當時面試我的那位先生，跟他請教一下，究竟沒能獲得第二次面試機會的原因是什麼？

這位面試官說：「你的面試表現還不錯，但是我必須講，你的一個缺點就是你實在太沉默了。我覺得像你這樣個性的人，不適合將來到我們銀行裡做業務推廣（Loan Officer）的工作。」

聽他這一席話，就令我更洩氣了。

由於我一直沒有找到一個工作機會，但在此同時，我班上的所有同學，幾乎每個人手邊都有兩到三個工作機會供他們挑選，大家的話題都是，他們正打算怎麼挑選自己未來的工作，而我，卻是一個工作機會都沒有，心中實在很不是滋味，不過，我自己卻一點辦法也沒有。

當時難免自怨自艾，覺得為什麼自己會是這種個性，所以得不到這些面試官的青睞，也覺得這種個性上的事，究竟要怎麼做才能改得了呢？況且，個性的問題與生俱來，又豈是自己想改就改得了的？

一直到研究所二年級結束，許多同學都已找到工作，陸續離開學校了。有一天，學校公告欄貼出了一張新的公告，是費城當地相當大的銀行——費城國民銀行的董事長要來華頓商學院演講。

當時的我，因為工作尚未有著落，還留在學校，加上一開始來費城讀書時，我就曾拜訪過這位費城國民銀行的董事長，因為他也是父親的故交。我決定去參加這場演講。那天，在接近傍晚的時間，這位董事長偕同他的夫人，到華頓商學院來演講，聽完演講後，我就上前去和這對賢伉儷打招呼，寒暄一番。

由於當時正是畢業季，留在學校聽這場演講的學生並不多，我也比較有機會和這對夫婦多說幾句話。這位董事長就拉著我，要把我介紹給他的夫人認識。當這位董事長介紹我是 Felix Chang（父親張心洽的英文名字）的兒子時，他的夫人想了一時半刻，才回過神來，帶著驚訝的神情說：「原來是當年那位拿了艾森豪獎到美國訪問的 Felix 的兒子！」

當年我父親是在一九五二年到一九五三年間，拿到艾森豪獎前往美國費城國民銀行觀摩，這位董事長夫人強調：「當時我先生還是銀行國際部門的主管，所以你父親跟我先生有很多的接觸。」但這位夫人又補上一句：「你的父親，是我見過所有國外來的銀行家之中，最沉默的一位！」

她的這句話實在令我大吃一驚。在我心中，父親是一位能言善道的人，只要飯局裡有他在，整個飯局一定是從頭到尾笑聲不斷，熱鬧連連，絕無冷場，且賓主盡歡。結果，居然有人以「最沉默的人」來形容我父親的個性，令我非常的驚訝！

然而，當下心中又轉念一想：「原來，沉默這件事，竟然也是可以改變的！」這對當時因為沉默的個性，在求職過程挫敗連連的我，是莫大的鼓舞！

這就是學校即將畢業前的一個求職經過，雖然在我研究所畢業求職初期，可以說相當的不順利，但卻得到了鼓舞。

努力不會都流失於沙漠

在我即將離開費城前夕，曾再度前往費城國民銀行道別，這位董事長請他旗下國際部門的人員帶我去吃飯。對方跟我說，過兩天，我們銀行即將舉行為期一週關於授信方面的課程，參加的多是銀行裡參與放款的經理級人員，問我願不願意一起來旁聽？當時的我，對於銀行充滿期待和熱情，當下二話不說，立刻就答應了。

雖然是短短一週的課程，竟也帶給我不少的鼓勵。當課程進行到第三天，有時，老師會當場向學員們提問，我常常能立即講出正確答案，連老師也不禁說出：「你怎麼會那麼聰明！」

也許只是老師不經思索的一句話，但對當時缺乏自信的我，卻是極大的鼓勵，至少覺得自己在華頓商學院，兩年的書並沒有白讀。

迫於當時實在找不到去大型銀行工作的機會，加上廣東銀行孔士諤董事長三番五次打電話來，希望我學校一畢業，就去他那邊上班。盛情難卻下，我就到廣東銀行去上班了。

這些都是我在華頓商學院歲月裡，一切特殊的經驗。等到我從華頓畢業，回到台灣工作兩、三年後，華頓商學院也開始比較重視台灣了。當時台灣的經濟蓬勃發展，逐漸引起全世界的關注。

華頓商學院有位副院長沈本漢（Jeffrey Sheehan），會定期到台灣來，跟我建立了很好的關係。後來華頓商學院因為辜家，包括辜振甫和辜濂松他們的幾位公子，先後也都去了華頓商學院讀書，更促使學校覺得，要緊密加強與台灣方面的關係。

沈本漢每回來亞洲，一定會到台灣停留個兩、三天，也都會來找我，彼此間建立了多年的情誼。一九九三年，我離開中華開發時，可以說是滿失意的，沈本漢了解這個狀況，結果，給了我一個非常大的驚喜，就是邀請我加入學校的亞洲董事會，讓我覺得很窩心，我自此在華頓的亞洲董事會擔任了二十多年的董事，直到二〇一一年才決心不再繼續擔任董事。

一九九八年，沈本漢又安排學校給我一個很不容易拿到的獎項，也就是由校友

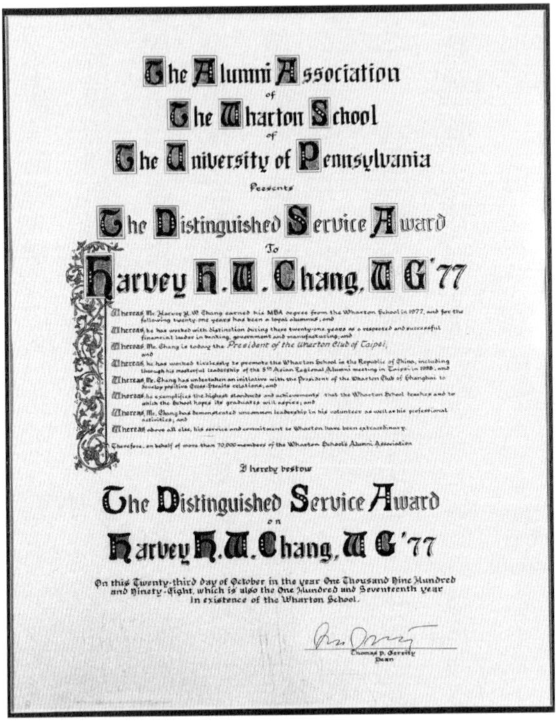
The Alumni Association
of
The Wharton School
of
The University of Pennsylvania
Presents
The Distinguished Service Award
To
Harvey H.W. Chang, WG'77

Whereas Mr. Harvey H.W. Chang earned his MBA degree from the Wharton School in 1977, and for the following twenty-one years has been a loyal alumnus; and
Whereas he has worked with distinction during these twenty-one years as a respected and successful financial leader in banking, government and manufacturing; and
Whereas Mr. Chang is today the President of the Wharton Club of Taipei, and
Whereas he has worked tirelessly to promote the Wharton School in the Republic of China, including through his masterful leadership of the 5th Asian Regional Alumni meeting in Taipei in 1998; and
Whereas Mr. Chang has undertaken an initiative with the President of the Wharton Club of Shanghai to develop positive Cross-Straits relations; and
Whereas he exemplifies the highest standards and achievements that the Wharton School teaches and to which the School hopes its graduates will aspire; and
Whereas Mr. Chang has demonstrated uncommon leadership in his volunteer as well as his professional activities; and
Whereas above all else, his service and commitment to Wharton have been extraordinary.
Therefore, on behalf of more than 70,000 members of the Wharton School's Alumni Association

I hereby bestow
The Distinguished Service Award
on
Harvey H.W. Chang, WG'77

On this Twenty-third day of October in the year One Thousand Nine Hundred and Ninety-Eight, which is also the One Hundred and Seventeenth year in existence of the Wharton School.

Thomas P. Gerrity
Dean

1998 年張孝威獲賓州大學華頓校友會總會頒發「卓越服務獎」。(照片來源：張孝威提供)

總會頒發的校友卓越服務獎，以表彰多年來，他來台灣時，我為學校多方面提供協助的貢獻。此後的數十年，華頓商學院的人都知道，台灣有個 Harvey，只要提起台灣，就會提到我這個校友。

後來，華頓商學院在台灣成立了一個華頓基金會，由於辜振甫先生曾捐贈一筆錢給基金會，學校就敦請辜振甫先生為基金會的榮譽董事長，並請我們台灣資深的學長——東元集團的黃茂雄董事長擔任董事長，而我也是董事之一。若干年後，黃茂雄學長就將這個基金會交給我，直到今天，我仍是華頓基金會的董事長。

進入美國廣東銀行

我在廣東銀行的工作大多都是跟在董事長孔士諤的身邊，學到、看到的，比較多是銀行的全貌，這的確是很難得的機會。

不過，在看了一年多以後，我漸漸感受到，經營一家銀行如果規模不夠大可能面臨的種種侷限。在當時的美國加州，廣東銀行其實是一家區域性的中小型商業銀行，嚴格說，它可能連中型銀行的資格都稱不上。

一家小型商業銀行想要在加州這個市場占有一席之地，同時還希望持續成長，其實是有很大的侷限，而且，要看股東願不願意放更多的資源在這銀行裡。當時廣東銀行大概只有三到四家分行，而且統統都是在舊金山灣區，每家分行的規模都很小。

邊做邊學，看見地方銀行的侷限

看了銀行的全貌，我學習最多的，就是如何看一家銀行的資產負債管理，一方面我在旁邊跟著看，一方面我自己去找參考資料，那時候我常跑到「美國聯邦儲備銀行（FED）」舊金山分行圖書館，去看各類銀行管理方面的期刊。

美國聯邦儲備銀行的圖書館，裡面的期刊全都是跟經濟、銀行有關的東西，所以我那時常去翻一些有關銀行管理的期刊，對我是很好的學習。

說起來，孔董事長並沒有特別要教我什麼東西，但他常會問我一些問題，要我做一些分析，但基本上就是邊做邊學，參考一些外面的資料。就這樣，我很清楚的看到像廣東銀行這樣一家小型商業銀行的侷限，它做不到什麼白人的生意，雖然它的總部也位在舊金山市中心，相當於當地「華爾街」的地段上，但它的發展並沒能因此受惠。

從資產負債表上來看，它較大金額的放款，都是參加別家銀行的聯貸，它的企業客戶來源，即使是中小企業，數量也非常少，大多是一些個人的貸款和存款。所以我光是從廣東銀行的資產負債表，就可以看出，它所需要做的事情還非常的多。

譬如說，它的銀行裡，沒有幾個人懂得如何做企業放款，如何評估客戶的還款能力。這家銀行裡沒有人在做這件事，也就是說，它必須達到一定的經濟規模，要訓練出一批人，這一切都得要從零開始，其實是非常、非常的困難。

那時我就在想：「再這樣下去，不行！」當然，它的業務中，主要是參加銀行間的聯貸，也有做其他銀行之間的拆放，或者去買一些商業票券，如果在資金緊俏時，也許還能賺一點利差，一旦景氣大好，資金需求變寬鬆，那它就幾乎賺不到什麼錢了。

志在千里，決心尋找更大的舞台

當時我心裡開始萌生了一些念頭，想要去大銀行歷練一下，至少學習如何跟有規模的企業來往業務。所以，我開始在想，如果我長期待在廣東銀行裡，也許我算是所謂的青年才俊，但到頭來，很可能還是會困住自己。或許過個十年、二十年，我會成為這家銀行的總經理，可是，我只對銀行局部的事務熟悉，我仍算不上是個真正的銀行家。再這樣下去，不行！

即使心中開始有了想要離開、去大銀行歷練的念頭，但在美國，你想去大銀行工作，也絕對不是那麼容易。而我嘗試了一段時間，都沒有碰到合適的機會。

後來，我開始在想，如果美國加州這邊沒有機會的話，何不嘗試台灣這邊大型國際企業的工作？透過我原先在華頓商學院裡，企業校園徵才的系統，我獲得了兩個面試的機會，一家就是花旗台北分行，一家則是福特汽車。

我記得那是一個清晨，在加州時間的早上七點，我從睡夢中被花旗銀行紐約總部的來電叫醒，他們通知我，有一位花旗台北的主管要來和我面試，問我能不能去？能有這樣的大好機會，我怎能說不去？當場一口就答應了。面試的過程很順利，剩下就是等待對方的通知了。

在此同時有另一家國際級大企業通知我去面試，就是福特汽車。同樣都是國際級的一流企業，但是我內心依舊希望能到大銀行工作，最後，我選擇加入花旗台北分行。做了這項重要決定後，我寫了一封信回家，告訴母親，我即將回到台灣工作。不久立即收到妹妹蓓蒂的回信，她雀躍的心情躍然紙上。

蓓蒂信中坦言：「二哥要回國，簡直是太好了！我都不敢講，現在可以說出來了，其實一個人在台北照顧身體不好的媽媽，早就快撐不下去了！」但是哥哥們在外求學工作，她只能隱忍，現在看到哥哥要回台工作，她終於可以把實情說出來了。

看到蓓蒂的信，我心中也相當不忍，更下定決心要回台灣。

早在幾個月前，當我從廣東銀行的資產負債表上，看到廣銀未來長期發展的侷限時，我就曾向孔董事長報告過，廣銀必須要廣招新人，最好每年都有新人加入。「到哪裡招募需要的新人最好呢？」孔董事長問。「我們要去當地一流的精英學府招募。」我回答。就這樣，我們就跑到加州大學柏克萊分校（University of California, Berkeley），鎖定經濟、金融等科系的畢業生招募，經過嚴選，最後終於有兩位新人雀屏中選，雖然其中一位工作不久就離開，但另一位則在我離開廣東銀行後，成為孔董事長身邊最得力的助手。

因此，當我跟孔董事長提出辭呈，表明要回台灣時，他顯得相當失望和訝異：「你不是才跟我主動表示要做人事經理，而且還準備了好一些發展規畫，怎麼突然間就要回台灣了？」還好有了我妹妹這封回信，我就以我母親身體狀況為由，成功說服了孔董事長，讓我辭職離開，回到台灣發展。

事實上，廣東銀行的主要業務，除了參與各家銀行的聯貸，以及部分個人存放款業務外，另一項重要的業務鮮為人知，那就是廣東銀行其實也是中華民國中央銀行在國外調度外匯的銀行之一。

孔董事長待我很好，也一心想要栽培我，他曾跟我說，他已向央行外匯局的人提及我，打算將我送回台灣的外匯局進行為期三到五個月的實習培訓，以了解外匯局實際運作的業務。

當孔董事長跟我提到這件事，毫無疑問，我當然感念他的賞識和信任。然而，一旦我接受了孔董事長送我到央行外匯局的培訓安排，若是未來我再回到廣東銀行，做沒多久又離職，而我已經知道許多關於央行和廣東銀行的外匯運作業務機密，這無疑會造成他人的心理負擔，也會令孔董事長很不高興。

幾經思考，我還是沒有接受孔董事長的慰留，決定離開。我知道孔董事長非常失望，我心中對他有些不捨，但事情終究沒辦法兼顧到每個層面，這也是無可奈何的事。孔先生對我決定返台之事，雖然有些失望，但對我依舊十分愛護，每次返台洽公，都要約我見面，聽我報告近況。孔先生退休之後，仍然住在舊金山，我每次出國經過舊金山，也盡量抽出時間去探望他。有一年暑假，我特別請一週休假，到舊金山去陪伴他，讓他十分高興。如今想起，很高興我做了這件事。孔先生年邁之後，搬到美國費城附近的老人院，我還去探視過他，可惜他已經不太認識人了。

第二章

蓄勢待發：
在外商銀行練就大格局

我在花旗待了將近三年的時間，期間學習很多，我留美返台很想在大型銀行學習的本領，花旗一應俱全，包括如何做企業的徵授信，以及如何服務客戶等等。我在銀行的金融、授信等專業基礎，就是在花旗練就的。摩根銀行三年的歷練，對我而言非常重要，這是我第一次被賦予重度參與銀行決策的職責，對於我日後的發展是很好的訓練。

花旗銀行的養成

回到台灣，我第一個去拜訪的長輩，就是當時央行外匯局局長賈新葆。因為當時孔士諤董事長和央行外匯局研商培訓我的這項計畫，就是和賈新葆商量的。

賈新葆是我父親張心洽先生的老部屬，當年我父親在做台灣銀行國外部經理時，他就是父親的副手。我從小就認識他了，他是一位很有個性的人，也是一位很懂生活品味的人。

一回台灣，他就請我去當時最頂級的西餐廳——希爾頓酒店牛排館吃午餐。飯局一開場，他就清了嗓子開始數落我：「我和孔士諤幫你做了這麼多構想安排，你一個年輕人，怎麼好像有些不領情？」

當下，我心中暗想，總不能坦白告訴他，不希望自己在央行外匯局見習後，回廣東銀行可能又會離開這類的話，只好跟長輩委婉解釋，當時我在廣東銀行看到經營一家小型商業銀行的瓶頸和侷限，年輕人在這裡長此以往，一樣施展不開，所以我覺得自己必須到一家大銀行認真學習一些真本事，否則未來發展恐將受限。聽完之後，他停了半晌，才緩緩表示：「你講的也不無道理，好啦！這不怪你。」

面對晚輩婉拒長輩們的安排，也把心中的原由解釋清楚，賈新葆態度很乾脆，從此也就沒有將這件事放在心上。總之，在賈新葆這一關，我算是平安過關了。

帶頭「造反」，嶄露領導力

一九七八年，我到花旗銀行台北分行報到。這一年，正巧是花旗銀行第一次實施「儲備幹部」培訓計畫①的第一屆，花旗之所以正式成立「儲備幹部」培訓計畫，主要是前一年試辦效果良好，而前一年培訓的三位儲備幹部中的一位，就是後

注①：MA是Management Associate縮寫，或稱「儲備主管」、「儲備精英」。

來赫赫有名、有「投資銀行教父」之稱的宋學仁。

當年我正好是第一屆正式實施「儲備幹部」培訓計畫的九位成員之一，我記得當時我們九人共分為三組，每一組就在花旗的出口、進口、匯兌、放款、徵信、旅行支票等十多個部門實地見習一到三週，時間長短視該部門的複雜度而定，培訓的總期長達約半年左右。

當新人覺得自己已見習的差不多了，就可以和該部門的主管提出口試申請，這個部門的口試一過關，就代表你可以再往下一個部門繼續見習。口試沒過，就必須再留在該部門，直到過關為止。當時和我同組受訓的一位儲備幹部，就是後來名聲響亮的台達電董事長海英俊，這是我與海英俊長達四十年交情的開始。

我們九個人歷經了六到七個月的「儲備幹部」培訓，大家的見習課程都已經陸續結束後，卻一直被晾在一邊，等了三個禮拜，仍遲遲不見花旗高層，對我們這九個人即將分配到哪些部門發出派令。由於我們這些儲備幹部分別在各部門見習，因此並沒有專屬的辦公座位，九個人平日的休憩場所，討論聊天，都集中在一間會議室的大會議桌上。日子久了，大家開始不耐煩，於是，我帶頭做了一件「造反」的事。

我直接寫了一封信給當時花旗在台北的最高領導——花旗的ＣＣＯ（Citi Country Officer），請教他為何讓我們九個人在完成七個月的部門見習課程後，卻遲遲不分發？其餘的八位儲備幹部，全部都在我這封信上簽了名。這封信寄出不久，負責為我們進行「儲備幹部」培訓課程的主管（training officer）立刻氣急敗壞的將我們全部召集，說：「你們真是會修理我喔！」然後花了不少時間把九個人都數落了一頓，接著宣布工作派令，其中第一個宣布分發的就是我。

我被分發到的是花旗的超級明星部門——世界企業部（World Corporation Group），這個部門的客戶，全部都是花旗在全世界大型的國際外商，包括福特、飛利浦、ＩＢＭ、迪吉多等，可以說，只要是國際級的大企業都是這個部門的客戶。

世界企業部的成員，人數沒有幾個，卻都是花旗千挑萬選，精英中的精英。在這個部門裡，除了我，當時坐在我辦公桌後面的人，就是高我一屆的宋學仁。

從此我們兩人建立了日後幾十年的好交情，宋學仁極聰明，加上因為我們的辦公桌前後相連，在這個沒有幾個人的世界企業部，我們兩人天天跑國際一流的企業大客戶，每天都有聊不完的話題。

這就是我在花旗的第一份工作。

客戶第一，錯過太太生產

不久，部門裡的主管決定把飛利浦（Philips）這個客戶的業務分發給我，當時飛利浦是外商在台灣直接投資、直接設廠金額最大的外資企業，後來我和飛利浦這個客戶的業務發展得非常好，他們給了我非常多的生意，花旗因此成為飛利浦在台灣的主力銀行之一。

能有這樣的好成績，關鍵無他，就是「勤勞」兩個字，勤勞服務客戶而已。

當時飛利浦在台灣的財務負責人是荷蘭人，旗下和我交情最好的是他們資深的財務經理經振五，他是浙江人，家中排行老五，在外商圈頗具名聲。我跟經振五交情非常好，後來我從花旗離職，轉戰摩根銀行前，曾跑去拜訪他，跟他客套的說，雖然即將要轉換到另一家銀行摩根，但未來仍需要他多多照顧。

話才剛說完，沒想到他立即放聲大笑。我忍不住問他笑什麼？他笑著回答說：「現在這麼多家銀行來拉生意，我已應付不來了，將來還要再應付一家摩根！」後來，我到摩根之後，光靠飛利浦一家，我就做了五千萬美元的短期放款生意，根據當時的匯率，相當於台幣二十億！日後我到交通銀行國外部擔任國外部經理，當時交銀國外部整個部門進出口的貸款，大概也就二十億。

我認識經振五時，他已經有點年紀了，所以話有點多，他很喜歡我陪他吃飯聊天，喝點啤酒。有一天晚上，我跟經振五、飛利浦一位楊先生以及海英俊，一共四個人，一起在外面吃飯喝酒，那時候還沒有行動電話。

那天早上，我太太去三軍總醫院做例行的產檢，當時距離預產期已超過兩個禮拜了，卻一直還沒有要生產的跡象。由於太太的哥哥正是三軍總醫院的醫師，去三總做例行產檢應該是很可以放心的，因此當天我並沒有陪她去產檢。當天晚上飯局還在進行，我打了電話回家，想問太太產檢進行得如何？但是打了多次電話，家中都沒人接。

由於放心不下，飯局中我頻頻出來打電話找人，也打電話到她哥哥家，一樣四處找不到她。但是畢竟客戶都在場，就算心裡七上八下，我也不好在飯局裡說這些事。

直到飯局結束，我覺得事情不對勁，打電話回家依舊沒人接，我趕緊跑到太太哥哥位在三總院區旁的宿舍找人，發現只有哥哥的孩子在家，小朋友說，他們全都在醫院裡！我當下立即衝到醫院找人，到達時，我看到母親、哥哥、妹妹全都在場，隔著玻璃，又看到剛出生的寶貝女兒已經被護士抱著在洗澡了！

雖然事後看來還算是件有趣的事，但從這裡就可以知道，我們當時服務客戶有多麼認真、專注，即使太太即將臨盆，孩子就要出生，依舊是客戶第一，尤其像飛利浦這樣的超級大客戶，我們是一刻也不能馬虎的。

付出與獲得不成比例，積極另謀出路

經振五的兒子Terry——經天瑞，於二〇一六年年底從澳盛銀行（ANZ）的總經理位子上退休，其實我們差不了幾歲，但他每次見到我，都喊我：「Uncle Harvey!」有一次我忍不住問Terry：「我們兩人年紀差不了多少，為什麼你總是喊我Uncle Harvey呢？」Terry說：「因為你是我爸爸的好朋友啊！」

Terry還提到：「其實在你們這一群外商銀行的前輩裡，我只會對你有點畏懼！」原因是，他的父親經振五一直把我當很好的朋友，不知不覺，Terry也把我當長輩一樣看待，久而久之，也許對長輩的敬畏之心，也就出來了。

當時的世界企業部，旗下共分兩個組，其中我和宋學仁屬於同一個組，老闆是位帶有美國中西部人特有「江湖氣息」的Wink W. Willete，由於他的中間名字也是W開頭，於是部門內都暱稱他為「三W」。

另一組的部門主管，則是位馬來西亞華僑，姓江，人稱「David江」的江天錫，後來曾經擔任大陸華一銀行及平安銀行的行長。

由於我在銀行的表現很不錯，「三W」待我態度自然不同，有時讓向來有點恃才傲物的宋學仁也挺「吃味」的，他曾經說：「我來這邊一年多了，從沒有看過三W對人的態度，像對你這麼好的！」

就這樣，我在花旗待了將近三年的時間，期間學習了很多，我留美返台很想在大型銀行學習的本領，花旗一應俱全，包括如何做企業的徵授信，以及如何服務客戶等等。我在銀行的金融、授信等專業基礎，就是在花旗練就的。然而，我們這一批年輕的幹部總覺得，在花旗學得很多，但也頗受到「剝削」。待遇並不是不好，只是相較於我們在工作上投入的付出，是不成比例的。

事實上，當時花旗就已經在推行「利潤中心制」，到後來，我們幾乎已經做到每個人都是「利潤中心」了。因為我們每個人都是做業務的，很清楚自己幫花旗拉進來多少生意，雖然其中有些隱藏的成本並沒有被計算在內，我們還是覺得，幫花旗賺的錢，和花旗發給我們的薪水相差未免太懸殊了！

當然，這種日積月累的「不平衡」感受，可不是寫封信給高層抒發情緒會起作用的，因此大家心裡都想跳槽！後來宋學仁去美國哈佛留學了，我則仍在另謀出路，只是一時苦無機會。

一九八一年初，花旗指派我和海英俊到亞太地區的海外受訓基地ＡＭＴＵ受訓[②]，當時是位在菲律賓馬尼拉。花旗的人都知道，ＡＭＴＵ是一個極重要的晉升階，如果你想在花旗升遷發展，就必須通過這為期七週、近兩個月的訓練。當時我們都只是Assistant Manager（副理），是最基層的主管職，未來若想升遷，ＡＭＴＵ就是一個很重要的條件。

其實，在前往ＡＭＴＵ的訓練之前，我一直沒有放棄在外面繼續找工作。就在出發到ＡＭＴＵ之前，我正好洽談到另一項工作，當時我和新工作單位的老闆商

注②：ＭＡ（儲備幹部）加入花旗後，第一年由台灣區高階主管親自授課，並擔任教練指導，透過密集訓練、行動學習專案與部門輪調，快速累積經驗，建立人脈網絡；第二年參加為期約七週的跨國培訓計畫，由亞太區高階主管親自授課，ＡＭＴＵ不僅能獲得充分歷練，更能學習跨國團隊合作，有學員稱為ＡＭＴＵ。

量，AMTU對新人來說，畢竟是一個很難得的受訓機會，可不可以等我受訓回來，再辭去花旗的工作，前來新工作報到？

一堂職涯課，頓悟累積專業才能走更遠

一九八〇年時，我還不到三十歲，我打算辭去花旗，前往的下一個工作單位，是台灣水泥公司。我當時情商可否等我AMTU受訓結束，再前往報到的「老闆」，不是別人，正是台灣水泥董事長辜振甫先生。

出發去AMTU之前，其實我已和辜振甫董事長談好，回來之後要去台泥擔任他的機要，接觸他所有身邊的事情，包括國民黨中常會、台泥和中國信託所有相關業務，這對當時還不到三十歲的我來說，是個相當好的機會。因此當我聽到工作的內容，一口就答應了。

辜振甫先生一直是我父親十分要好的朋友，辜媽媽和我母親，更是多年感情深

厚的手帕交。從美國留學回國後，我常常會去拜訪辜伯伯和辜媽媽，而這次前往ＡＭＴＵ受訓前，我心中已決定要接下辜伯伯身邊的機要工作。

然而，花旗的確是一家很有趣的金融機構。全世界都知道，花旗是金融業最大的人才訓練中心，各國大銀行都有許多高階主管出身於花旗。以ＡＭＴＵ的亞太地區海外受訓計畫來說，其中培訓的精英，不論來自日本、印度或東南亞各國的花旗主管，都是他們內部挑選過，內定為花旗重點培養的精英。

但最有意思的是，在ＡＭＴＵ課程最後的一、兩天，他們卻安排了一位菲律賓當地的人力顧問公司顧問，專門教導所有的ＡＭＴＵ學員一件事：如何思考自己的職涯規畫。

這真的是花旗很有意思的一種思維！直到現在，我也不了解為何當年花旗要在ＡＭＴＵ的課程結束前，安排這樣的課程，而且是整整兩個小時的課程。但我可以感受到，像花旗這樣的世界級大銀行，它就有這樣的胸襟，在付出不少心血澆灌的精英面前，直接談未來的你若要跳槽得考慮哪些事情。

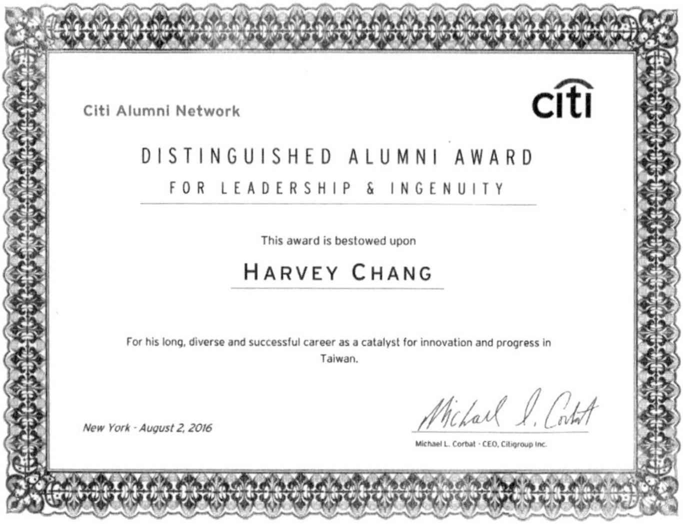

2016 年張孝威獲花旗總部頒發傑出花旗校友獎。（照片來源：張孝威提供）

這堂課對我產生關鍵性的作用。在這堂課程結束後，我還特地打電話約了這位菲律賓籍的顧問講師，和他討論我當時的現況，經過一番分析，最後，我決定不去辜伯伯那邊工作了。並不是這份新工作不好，而是經過討論之後發覺，當時還不是我換工作的最佳時點。

我當時請教這位菲律賓顧問後，很明顯知道，自己在花旗訓練的基礎仍然不夠扎實，至少應該在銀行這個產業，再多歷練一段時日，光三年的歷練，仍然不夠。

這個結論對我後來的事業發展，產生了重大的影響。當時我已經決定要前往台泥，如果真的成行，可能就不會繼續在金融領域發展，而轉行到產業發展，甚至可能轉往政壇發展。

AMTU培訓課程回台之後，我向辜先生報告及致歉，還好他也能理解年輕人總有各種新的思考，這份工作最後也就沒有成行。

雖然我改變計畫，繼續留在花旗工作，但三個多月後，我還是提出了辭呈，離開了我返台就業的第一站。在花旗，我得到專業的養成，也結交了幾位一輩子的好朋友，在心中留下美好的回憶。

而最沒有想到的是，離開將近四十年後，我突然接到花旗銀行在台灣最高負責人管國霖董事長的通知，花旗總部決定頒發一個傑出花旗校友獎給我，表彰我這些年來對社會的貢獻。這個意外的驚喜，是很大的殊榮，也為我心中有關花旗的回憶，劃下一個美好的句點。

摩根銀行初試啼聲

人生總是有許多意想不到的事。我沒料到的是，一九八一年一到二月間，剛從花旗ＡＭＴＵ課程回台，婉謝了辜先生的機要工作，當年的五到六月間，摩根銀行的新機會就來敲門。那時，摩根銀行突然打電話給我，表示摩根即將要在台北設立分行，詢問我要不要參加他們台北分行的行列？

為何我對摩根銀行有興趣？我不是幾個月前才決定要在花旗銀行再工作一段時間嗎？這就要從摩根銀行的背景說起。

摩根是在華爾街最受推崇的商業銀行，它沒有很多分行，也不受理一般消費者的存放款，它業務往來的對象是大型企業或政府機構，以及豪門家族的信託業務，因此，它的員工人數遠低於資產規模相近的同業，每位行員的獲利人均值卻遠高於同業。同樣是華爾街的銀行，但大家在認知上，總覺得摩根比起其他銀行，如花旗或大通就是高一等。以中央銀行為例，業務往來最密切的就是摩根。摩根在亞洲原本只有在東京、香港及新加坡三個亞洲金融中心有分行，台灣的經濟於八〇年代開始起飛後，摩根開始重視台灣的潛力，決定設立分行。因此，能夠在摩根工作是讓金融從業人員稱羨的事，這樣的機會來敲門，我自然動心。

摩根銀行台北分行第一位華人主管

而我們家和摩根銀行之間的關係其實非常深厚。摩根銀行從前是擁有中華開發一〇%股權的大股東，我父親和摩根國際業務部門多位主管都非常熟，幾乎可以用「稱兄道弟」來形容。

我始終記得父親在摩根銀行的兩位好友。一位是鮑伯·懷恩（Bob Wynn），他是第一個到亞洲來為摩根開疆闢土的人，他的腳蹤遍布，與東亞各國財金政要都有交情，他在紐約總部長期主管亞洲區業務，是該行的亞洲先生。當年摩根投資中華開發的決定，就是他促成的。我在美國求學時，如果去紐約找他，他總是會熱情的邀我在銀行的主管餐廳吃飯。一九八一年摩根來台北開分行，也是他建議分行籌備小組對我進行挖角。他是銀行內與我們家族關係最密切的人。

另一位是傑克．洛克倫〈John（Jack）F. Loughran〉，他曾經擔任摩根銀行東京分行總經理長達二十年之久，是摩根銀行的日本通。他後來調回紐約擔任洛克菲勒中心分行總經理。我在美國求學時，曾經去看過他，他也熱情接待我。一九九二年，我接任中華開發總經理，那時摩根已經不再擁有開發的股權，消息仍然傳到摩根紐約總部，他寫了一封很感人的信祝賀我，信中說到：「我保證如果Felix（先父的英文名字）地下有知，心中會多麼的以你為榮。」這封信始終深深的停留在我腦海中。

一九八一年，摩根銀行決定要來台北開設分行，負責籌備建構整個台北分行的人，是一位名叫葛伯強（John Garber）的美國波士頓人，他主動打電話給我約面談，力邀我加入摩根銀行台北分行。

這個邀約，完全符合我當時想在銀行業繼續發展的規畫，更重要的是，有別於在花旗只是副理職級的工作，這是當時摩根銀行來台北開設分行，第一個華人主管職級（officer）的邀約！對我來說，這代表有一定的發揮空間。

雖然和葛伯強的面談過程一切順利，但最後卻有一件事談不攏，那就是薪水。他表明願意給我的薪資，是每個月七萬五千元台幣，但我要求的是八萬五千元台幣，他堅持不肯。讓我有點不樂意，為此跟他磨菇了一陣子，但葛伯強對這件事也十分堅持。

葛伯強認為，當時我在花旗的薪水大約是六萬元，他已經為我調高了一定幅度，不能再增加到這麼多。兩人為此僵持了一陣子，最後，我主動表示：「好了，我不再跟你提這件事了，但是，你要記得，這是你欠我的！因為我絕對值得八萬五千元的薪水！」

用能力證明自己值得更高的薪水

一九八一年七月，我正式加入摩根銀行。就在一九八一那一年的聖誕節，他叫我進他的辦公室，當場給了我一個信封，說：「這是你的薪資調整通知。」

我打開一看，他把我的薪資一口氣加到十萬元台幣！他一面觀察我的驚喜表情，一面說，過去半年他觀察我的表現，決定把我的薪水一口氣大幅上調，表示他對我工作表現的極大肯定，我當時心中十分激動。事後我想到，當時台北又新開了兩到三家新外商銀行，其中信孚銀行就開在摩根銀行的樓下，這個調薪的動作，也許具有某種安定人心的意味。但不論怎麼說，這次的加薪幅度，真的把我嚇了一大跳，我完全沒想到，葛伯強會一口氣把我的薪水上調到那麼多！

想起當時在花旗時代，每個人都在抱怨薪水怎麼那麼低，當「三W」這位美國主管調走之後，換來另一年輕斯文的美國主管來，他曾跟我懇談：「你要有耐心，通常在你這個階段，薪水不會加很多，一定是在你經過了一個階段之後，你的薪水就會急速增加！」

言下之意，這位花旗主管想表達的是，目前我的價值彰顯還不夠，一旦未來我的價值全面被顯現出來，屆時加薪幅度，才會急速提升。

當時我並沒有聽懂他的意思，直到這次收到葛伯強的調薪通知，我才體悟到當時花旗主管這句話背後的意義。日後歷經台積電、台灣大哥大等多年高層管理職的歷練，更能了解關於薪資這件事，員工看的和老闆看的角度完全是兩回事。

對於摩根突如其來的挖角，花旗也花了很多力氣，希望能把我留下。花旗新任的CCO親自找我談，開出的條件除了升遷、加薪，甚至開口表示，如果我有興趣調整到不同的部門歷練，也可以自行選擇。然而，當時我已經下定決心要去摩根銀行了。

父親與摩根銀行淵源深厚

說起我父親和摩根的關係，故事很多，其中一、兩件特別值得一提。

第一件事，是台灣外匯自由化。早期中華民國政府因為缺乏外匯，所以當時台灣的外匯是集中管制的，也就是說，民間人士不可以持有外匯。慢慢的，台灣的外匯因為出口暢旺，順超愈來愈多而大量成長，央行也開始覺得，有必要對外匯管理制度逐步放鬆，也就是所謂的外匯自由化。

可是，外匯自由化這件事，當年在國內可以說是沒有人懂的，所以勢必得請國外的專家幫忙指導。因此，當時央行的俞國華總裁，就請我父親親自到國外去接洽。而我父親就是透過摩根銀行，找到一位外匯專家羅夫．賽吉（Rolph Sellge），來幫助中央銀行規劃，也因此順利推動台灣外匯自由化的實施。

另外一件事，也與摩根有相當的關係。一九七一年時，因台灣退出聯合國，衝擊到台灣在各國政府眼中的主權及法律地位。在這個情況下，為了確保台灣金融資產的安全，政府成立了一個應變小組處理中國銀行的問題。當時中國銀行是台灣在國際間主要的外匯調度銀行，小組的任務就是確保中國銀行在國際金融市場，不會受到台灣退出聯合國事件的影響。當時我父親也是小組成員之一，最後也是我父親透過摩根銀行的網絡，請教很多相關的專家人士，最後小組決定，把中國銀行改組成為「中國國際商業銀行」。也就是說，把中國銀行從原屬於國營的金融機構，改組成了一家民營的金融機構。

一九七一年中國國際商業銀行正式成立時，第一任董事長就是由當時中華開發董事長林柏壽先生兼任。林柏壽先生出身板橋林家花園，在台灣工商界享有極高的聲望，而我父親也兼任中國國際商業銀行第一任常駐監察人。

從上面這段故事，就知道我父親與摩根銀行的淵源有多麼深，只可惜父親在我大學時就去世了，後來大哥愛倫和我分別到美國維吉尼亞大學和華頓商學院就讀管理學院，暑假時期，我的大哥曾經在摩根銀行實習，只是最後當他畢業之後，摩根銀行沒有雇用他。

只講實力，不看關係的美國企業

後來我就讀華頓商學院，暑期同樣也想尋求到摩根銀行實習的機會，希望能為日後從學校畢業、找一份正職工作時，在履歷上大大加分。在華頓商學院一年級那年學期結束前，我去找了摩根銀行跟我父親最熟的主管鮑伯．懷恩，結果他當時說的一句話，直到現在我都還記得：「你們家，我只能收一個人（來摩根實習）！」當時大哥已曾在摩根實習過，這句話等於當場就把我拒絕了。

父親在世時，大家一起稱兄道弟，父親不在了，也許緣份也盡，他當時說話的不盡客氣，和當下的神情，直到今天，我仍記憶猶新。也許他當時覺得，該給的人情已經給過了，對他的答覆，我的確感到很失望，但對於當時只是一個學生的我，也只能接受。

鮑伯．懷恩和我父親已經是非常「鐵」的關係，但最後我仍被拒絕，當時我也曾嘗試去找父親在世時在美國銀行界的幾位故舊，但一樣都沒能獲得實習機會。最後，我才會尋尋覓覓，找到在廣東銀行暑期實習的機會，後來也因此進入廣東銀行工作。

華頓商學院畢業的那年，我又帶著履歷表再到摩根銀行拜訪之前拒絕我實習機會的鮑伯．懷恩，他也帶著我去找他們的人事部門面試，但最後他們還是婉拒了我的求職。心裡雖然不免失望，但也了解當時銀行是美國當紅的產業，求職競爭實在激烈，摩根銀行又是美國銀行業界的翹楚，本來就是高人一等的明星銀行，不被錄用也是常有的事。有趣的是，多年以後，當我進入摩根銀行台北分行擔任第一位華人主管之後一年，葛伯強曾不只一次當著我的面說：「當年摩根銀行究竟是哪個人跟你面試的？他怎麼會沒錄用你？」

三年磨出受用一生的基本功

摩根銀行三年的歷練，對我而言非常重要。這是我第一次被賦予重度參與銀行決策的職責，對於我日後的發展是很好的訓練。

由於分行內位階高於我的主管分別來自新加坡、香港及美國，涉及在地事務的事，多半是以我的意見為決策依據。我有較大的自由選擇客戶，也引薦了兩位在花旗銀行的好友海英俊及古台昭加入摩根銀行，形成密切合作的鐵三角。我也就此與他們結交為一輩子的朋友。相對於其他外商銀行，摩根設立分行的時間較晚，競爭上相對居於劣勢，因此我們必須格外努力找客戶。當時我們開拓了許多在中南部的企業客戶，業績也有不錯的進展。那時我們雖然年僅三十出頭，但對於自己所做的事卻是充滿自信。

其中有一個案例留給我極深的印象。這個案子是當時政府極力扶持的大貿易商的放款案。這家大輝貿易公司進口遊覽車底盤，在本地打造車身後賣給遊覽車業者，幫助他們汰舊換新。由於他們提出的抵押品是遊覽車業者開的分期付款支票，自償性很好，我們雖然認為這是好生意，但在擔保品的要求及審查上抓得很緊。後來這家貿易商出了問題，他們提供假擔保品，冒貸的騙局全部暴露在陽光下，跟他們往來的近二十家銀行人人自危，主要債權銀行急忙召開緊急債權人會議謀求對策，但所有債權銀行裡唯一全身而退的只有我們摩根銀行。

為什麼我們可以全身而退？因為我們在擔保品的控管上沒有一絲放鬆，當時雖然也受到借款人欺騙，但我們費了一番功夫後還是收回了貸款全額，羨煞了其他債權銀行，顯示出我們的基本功是夠水準的。這家大貿易商的負責人因為涉及冒貸行為，被其他銀行提起訴訟，追究法律責任。

沒有想到的是，若干年後，這位債務人竟想東山再起，在有人護航的狀況下向中華開發申請貸款。但是冤家路窄，當時我恰好在開發擔任總經理，對於此君的信用狀況瞭若指掌，自然讓他碰了釘子。這已是後話，暫且按下不表，後文自有交代。

在摩根的頭兩年相當愉快，覺得自己成長許多，也很有成就感。但兩年之後，摩根紐約總行的政策有些改變，葛伯強在傳達總行政策上與我們的溝通不良，以致產生了隔閡。銀行內的氣氛逐漸改變，我與葛伯強的互信也不如往昔。之後他被總部調升為東京分行總經理，臨行之際，他寫了一封很長的信給我，信中他肯定我的能力與貢獻，並且對於兩人之間並沒有建立很好的互動感到遺憾，信中結尾寫道：「You are an incredibly capable person!」

看完這封信，我也頗有感觸，似乎人與人之間的緣分一旦到了一個階段，就很難再恢復到從前。

有時我也會想起一九八一年葛伯強剛到台北履新，在摩根台北分行成立初期，在各大報大幅刊登半版廣告的珍貴照片。照片中一共有五位摩根台北分行高階主管的照片，除了葛伯強和來自香港的高階主管，其他三位都是來自台灣本地的業務主管。開幕當天，摩根銀行董事長路易士・普林斯頓（Lewis Preston）專程由紐約飛到台北主持開幕酒會，我和董事長也開心合影留念，如今回想起來，當時照片裡的革命情感，格外珍貴。

數年後，摩根紐約總行政策的改變，加上後來台灣爆發十信風暴，美國摩根銀行總部曾經一度放棄台灣這個市場，結束台北分行的業務。當時我已經在交通銀行任職，做這個決策的人，是東亞區的最高主管，叫做約翰・奧爾斯（John Olds），在台灣爆發十信風暴的當口，他完全看衰台灣，甚至在關掉摩根台北分行的同時，也將摩根原先持有將近一〇%的中華開發股權，以很低的價格全數出脫。就我來看，摩根選擇了一個極不理想的出場時機，但歐美大企業的決策作風往往是如此。這筆股權後來由黨營事業中央投資公司承接，這也是為何後來中投會成為中華開發大股東的主要原因。中央投資成為開發的大股東後，有多年都只是一個被動的投資者，雖然在董事會上占有席位，但並未介入公司的經營，直到九〇年代，徐立德接任財委會主委之後，才改變原來的政策。

第三章

嶄露鋒芒：交通銀行破天荒的人事任命

儘管我在花旗、摩根等外商銀行，獲得了很多金融產業的養分，但實際上，奠定我整個領導管理風格，真正的轉捩點，是在交通銀行時期的歷練。交通銀行的經歷帶給我的，不只是對我一生有提攜之恩的貴人、一群相知相惜的革命夥伴，更帶給我在經營管理上無價的歷練。

接任交銀國外部經理

我會到交通銀行，主要是跟潘鋕甲先生有關。潘鋕甲先生曾任交通銀行總經理，是當時交銀總經理賈新葆先生的前三任。

潘鋕甲出道非常早，輩分也很高。早年，中央政府成立美援會（經建會的前身）時，李國鼎是祕書長，我的姑丈費驊是企劃處長，張繼正是祕書處長，潘鋕甲是當時的財務處長。我在前行政院祕書長王昭明的回憶錄閱讀到，前經濟部長陶聲洋，就曾經在美援會財務處擔任過稽核，潘鋕甲先生的輩分，由此可見一斑。

後來中華開發成立時，他是中華開發創始團隊的其中之一，並出任中華開發副總經理。後來，交通銀行總經理出缺時，政府當局就指派潘鋕甲出任這項職務。

他在交銀待過七年的時間，對交銀情況十分了解，既是父親的老朋友，對我又極其愛護，父親突然辭世時，就是潘鋕甲先生發動企業界人士，成立了「財團法人中華民國企業界紀念張心洽先生學術基金會」，由他擔任首屆董事長，一九八三年時，他把這個基金會交給我負責。

職位是用氣魄爭取來的

一九八四年的春天，有一天他找我，提到他聽說當時的交銀國外部經理即將屆齡退休，以他對交銀內部人事的了解，當時行內有足夠資歷接掌這項要職的人才，極為有限，「對你來說，這也許正是個機會，不妨試試看。」潘鋕甲先生對我說。

當時，潘先生已從交銀總經理職務退休多年，在台南幫旗下的企業統一租賃公司擔任董事長，而我則是在摩根銀行台北分行擔任業務部經理。

「現在交銀是賈新葆擔任總經理，以他曾是你父親舊部屬的淵源，這項人事如果由你母親出面，機會將高出許多。」潘先生善意的提出建議，提攜故人之子的心境，溢於言表。然而，我考慮了一番，決定暫時不要向家母報告。

賈新葆有一件事，始終深深的留在我的記憶中。台灣的外匯市場開放，是在俞國華總裁任內，執行這個重大政策變更的人就是當時的外匯局長賈新葆。當時我還在摩根銀行工作。外匯市場自由化的頭一天，市場完全沒有傳聞，外匯局可以說是保密的功夫做到密不透風。當天適逢廣東銀行孔士諤董事長返台，賈新葆邀他到家裡早餐，也請我去參加。早餐八點進行到九點，幾個人一路閒聊，是一場溫馨的小聚會。九點時我因公必須先行告退，賈新葆送我出去，走到玄關穿鞋子時，他說現在九點剛過，有一件事我可以告訴你了：就是剛才外匯交易中心已經正式宣布台灣的外匯市場從今天起實施自由化，各銀行之間可以直接交易美元了。這個天大的消息他竟然可以徹底的保密，早餐席間硬是隻字片語不提，讓我學到一個銀行家在處事上應有的嚴謹態度，賈新葆用他的身教給我上了寶貴的一課。也基於過去我對賈新葆個性的認識，我認為最好的辦法是，直接去交通銀行看賈新葆。

「我聽說，現在的交銀國外部鮑經理即將退休，不知道對交銀來講，我有沒有接任的機會？」我開門見山的說。

「的確是有這件事，」賈新葆沉吟了一下，說：「但是，你還這麼年輕，可不可以先從副理做起？」

「如果是副理職，那我就沒有興趣了。」即使面對的是父執輩，我的回答也是這麼直截了當。

「好，我知道了，我會再想一想，再跟你說。」賈新葆回答。

好幾個月過去了，我卻遲遲等不到來自賈新葆的任何回應。而原本上半年就該屆齡退休的國外部經理，直到下半年也一直人在其位，絲毫沒有即將退休的跡象。其間，我去了趟美國，賈新葆也一直沒有找過我。

終於，我實在忍不住了，為了想確認賈新葆心中的想法，於是「假借」出國返台，帶伴手禮孝敬長輩為名，送了一條領帶給賈新葆，順道向他「暗示」了我這個晚輩的存在。

果不其然，不久後，我就接到了賈新葆的電話，經過他多方考量下，對於由我接下交銀國外部經理一職，他覺得「可以試試看」，但前提是，這項人事案，必須先通過董事長謝森中那一關。他已經幫我安排了和謝森中面談的時間，表示「過兩天就來和他談談吧。」

當時謝森中剛從亞洲開發銀行退休返國任職，由於他多年在亞銀出任計畫處處長等職務的歷練，當局便安排他出任交通銀行董事長。在那次與我的談話中，他十分健談，一聊將近兩個鐘頭，會後，他向賈新葆說，對於由我去接任國外部經理一職，他覺得「可以試試看」，這項人事就此定案。

事實上，交通銀行的企業文化一直非常保守，是一家甚至帶有「排外」色彩的國營金融機構。以當時準備要從交銀國外部退休的鮑姓經理，在同一位子上整整二十年的例子，就可以看出，這次謝董事長和賈總經理「大動作」晉用像我這般年僅三十四歲，且背景全是花旗、摩根等外商銀行資歷的人接任國外部經理，這項人事有多麼不尋常。

看準趨勢，接下薪水只有原先三分之一的「大官」

交銀任命我為國外部經理的消息一傳開，不僅在內部掀起震撼，在當時整個外商銀行圈，更造成了轟動，這不僅創下交銀有史以來，最年輕一級主管的紀錄，外商銀行內更是不斷在傳：「Harvey 升大官了！Harvey 升大官了！」

在我之前，從外商銀行直接進駐台灣官銀體系一級主管職的，僅有一人，那就是前中央銀行外匯局局長鄒啟駷，他是從美國商業銀行被挖角到中國輸出入銀行，其後再轉任央行外匯局副局長；我則是極少數唯二的案例。特別是，當年中國輸出入銀行是個新設銀行，晉用新人自由度較大，但交銀卻是個老派保守的國家行庫，情況又有所不同。

雖然通過了謝森中親自面試這一關，如何敘薪又成了另一個難題。交銀的人事室主任找我洽談，問起我當時在摩根銀行台北分行擔任經理的薪資，我也坦白告訴他，每個月十二萬九千元台幣。人事主任面上略有難色的說，即使窮其所能，包含能運用的主管加級，交銀國外部經理的每月薪資頂多也只有四萬三千元，和原先在外商銀行提供的薪資整整相差三倍！

也就是說，接下交銀國外部經理的工作，就得面臨薪資立即縮水三分之二！當時我剛買了新房子，每個月的房屋貸款負擔頗重，根本不是每個月四萬三千元的薪水所能負擔的，這的確是我不得不考量的實際問題。

幾經考慮，最後，我決定賣掉我當時買下入住不久的新房子，一家人搬回之前家中舊有的老公寓。會做出這樣的決定，並不是因為我認為交銀國外部經理的職務，真的是所謂的「大官」，主要是著眼於當時台灣經濟和金融發展的大趨勢。

從花旗到摩根，我在外商銀行六到七年的工作經驗，很清楚的告訴我，由於台灣經濟快速發展，台灣本地銀行力量已經崛起。本地企業不斷在發展，對中長期的資金需求很大，然而，外商銀行提供這類中長期的台幣貸款，在資金調度上是非常吃力的。我在外商銀行的六、七年間，很明顯看到一個趨勢——我相信很多本土企業的中長期貸款業務，一定會陸續轉到本國銀行去，因此，我能預期，接下來本國銀行的授信業務一定會有很大波段的成長。

也因為看到了這個大趨勢，我決定放棄外商銀行優渥的待遇，轉到本國銀行工作。在我看來，在這個財經大趨勢之下躬逢其盛，交銀的這份工作，正是一個極好的歷練。

事實上，在此之前，我對於像交銀這般的國家行庫究竟是如何運作，可以說完全不了解。所以，當我要前往交銀就任新職前，有好多位前輩都告訴我：「你有許多事情都要學習，包括公文該怎麼批示，你要注意。」有人甚至還半開玩笑的說，就連「如擬」這兩個字，批在整張公文的什麼位置，可都是有學問的！所以，這一切都需要用心學習。

其實，賈新葆是一位思考很周密的人，他既然決定要讓我接任交銀國外部經理，在人事上也預先做了一些部署，特別在國外部的副理級陣容上，也進行了調整。

首先，他把當時國外部資歷最深，處事最幹練的一位副理黃豐一留給我。當時黃豐一已在國外部有十九年的資歷，頗能服眾。果然，黃豐一和我搭配得非常好，我離開交銀非常多年後，他也一路晉升至交銀總經理的大位，我們兩人情誼依舊深厚。

若干年後我到中華開發擔任總經理時，我曾遊說黃豐一從交銀退休，到開發來擔任副總經理，以黃豐一擅長協調、資歷深且輩分夠，有他來開發，一定可以幫我極大的忙！事實上，當時的黃豐一已經是交銀的副總經理，難能可貴的是，他爽快的答應過來開發幫忙，可惜這個人事案被劉泰英知道後就極力攔阻，因為劉泰英不願意讓我帶任何人到中華開發去。第一時間劉泰英的說詞是，中華開發這邊的主管都很優秀，叫我不用再從外面找人進來。於是，我就拿黃豐一的資歷給他看，證明以黃豐一在政府開發銀行長年的資歷，這樣的分量，總該夠資格到中華開發任職了吧？劉泰英一時語塞，最後，他找了當時擔任交銀董事長的梁國樹當做擋箭牌，強調梁國樹因為想留住黃豐一打電話給他，聲稱為了這項人事案，劉泰英還因此挨了梁國樹一頓罵，最後這個人事案就這麼硬生生被攔阻下來。

我和黃豐一之間的故事還不少。黃豐一的專長在外匯，交通銀行在全台灣外匯業務量最大宗的，是高雄楠梓加工出口區的楠梓分行，許多大宗出口押匯，全都在這裡。後來楠梓分行經理出缺，擔任總經理的李仲英，就選派黃豐一接任。兩年後我調任新設信託部經理時，黃豐一主動撥電話給我，表明他想跟我一起到信託部當副理。

當時交銀在全省各地的分行，總共分三種等級，一等分行分布北中南，頂多三、四家；業務量大者，屬二等分行，小者則屬三等分行。而楠梓分行雖屬二等分行，但畢竟業務量，特別是出口押匯等業務居全行之冠，黃豐一也早已算是分行經理之中，頗具分量的一位。位居分行經理，願意委屈回任總行副理職，這份情誼也得來不易，這是後話。

我在交銀國外部時期，賈新葆總經理為我安排的第二位副理是鄭君祥，一位外語能力和外匯專才都頗出色的女性經理人，後來從交銀轉往中華票券發展。第三位副理則只是掛個職位、留個員額在國外部，但長年都外派在轉投資事業。

賈新葆在人事布局的細膩周到，讓我在剛進入交銀國外部的初期，一切都還算順利。後來我更能體認，交銀的文化一直相當排外，賈新葆透過這番細緻的人事布局，大大的減少我融入交銀體系的阻力。

另一方面，也得力於早期在花旗和摩根等外商銀行時期的磨練，我在外商銀行工作時，是很用功的。當時我在花旗和摩根，主要業務在放款和授信，但同時，我也投入非常多的心力，用心學習外匯交易和資金調度，這讓我後來在交銀國外部，業務銜接頗為順暢。當時的交銀國外部，旗下管轄就有一百多人，全行所有外幣資金的調度，都是集中由國外部管理。

我去了交銀國外部之後，當時也未料到，原來整個交銀國外部進出口的貸款，總數竟然也只有二十餘億台幣，和早年我在花旗銀行承做單一客戶飛利浦的客戶業務量相當，顯見當時公營行庫在外匯業務上態度相當保守。

引進外商銀行的ＡＯ制度，業績快速增長

當時國外部承做進出口放款業務的部門，叫做「授信科」，我把授信科的組織整個做了調整，同時也把外商銀行的「ＡＯ[①]制度」，導入交銀推行。同時從授信科裡挑選幾位我認為比較優秀的同事來擔任 Account Officer 帳戶管理員的角色，其中包括了葉公亮、許婉美等人，就是從那個時候開始，一路跟著我。在這制度成功運作下，交銀國外部的放款業務開始快速成長，兩年內放款總額增長速度之快，由我接手時的二十億成長到一百億，引起新任總經理李仲英的注意。

我到交銀國外部半年左右，一九八五年的春天，賈新葆就退休了。事實上，這回從交銀總經理一職退下來，事前他自己也沒有預料到，退休時間來得這麼快。原來是政府高層屬意由賈新葆前往美國接任廣東銀行董事長，儘管離鄉背井，但上命

注①：ＡＯ即 Account Officer 帳戶管理員，簡稱ＡＯ。

難違，他也只能銜命接受派任。

賈新葆先生出發前，曾來找我，再三勉勵，強調在他任內，已為我進行一些人事的安排，令他頗欣慰的是，我在國外部的表現很好，有為他爭氣，讓他覺得有面子，未來他離開交銀之後，只能靠我自己努力了！

接手賈新葆交銀總經理職務的人，是台北市銀行總經理李仲英。他是台北市銀行國外部出身，一路從副理、經理、副總經理，升上總經理一職，對外匯相關業務，極為嫻熟。

李仲英接手交銀總經理前，我和他僅有一面之緣，並無交情可言。在他剛接手交銀總經理時，特別愛過問國外部的事，畢竟他對國外部的各項業務實在太熟了，甚至可以說，他管得實在有點細，對業務經常有指示，三不五時，我得隨時應付這位新任老總各式各樣有關國外部業務的指示。

這樣的情況，持續了將近半年左右，之後，他幾乎不再過問國外部的業務了。會產生這樣明顯的轉折，主要關鍵在：他對國外部整體業務的運作已經有信心！李仲英曾問我，能讓國外部業務有這樣的成長，我究竟是怎麼辦到的？

當他知道，其中重要原因是我引進外商銀行這套「ＡＯ制度」後，他立即要求交銀各業務部門都採用這項制度，甚至要求交銀人事室協助各分行，針對 Account Officer 帳戶管理員的「ＡＯ制度」辦理講習，要我去巡迴分享經驗，讓交銀各業務單位都了解這個制度，並要求各個分行，讓ＡＯ這制度落實執行。

懂得用人，強將之下無弱兵

後來跟李仲英總經理漸漸熟稔了，某一次，在閒談之間，他好奇問起我對國外部的經營何以能在相當短的期間內，就能有這麼不錯的績效，我跟他說：「我能夠把整個國外部搞定，是因為我知道怎麼用人。」回想當時我不過是個三十六、七歲的年輕主管，卻在一位傑出的總經理面前這般直話直說，也許這是日後令李仲英印象深刻的地方。

早期台灣的公營銀行體系營運，都是相當保守的。以國外部而言，我們有進口科、出口科、匯兌科、授信科、資金科、簽證科及會計科等七個科，各個不同單位之間，主管和科內組織成員都只專精在某種領域，極少輪調。

某一次，因出口科科長出缺，我決定把匯兌科科長調去成為出口科科長，整個國外部的人都跌破眼鏡，覺得我很「敢」。但匯兌科科長卻開心得不得了，因為他知道，他除了擁有匯兌方面的專業，未來他即將擁有出口科這項新的專業，畢竟他多年在匯兌科的歷練，頂多就是在匯兌款、買賣旅行支票等相關業務裡打轉；出口科面對的是出口押匯、出口託收業務、出口信用狀轉讓等業務，對他的職涯來說，這正是一個成長的大好機會。

我會做出這項決定，主要是著眼於平日對這位匯兌科科長的觀察，他在業務處理上格外謹慎小心，即使轉換到出口押匯、信用狀等相關業務，照理也會有一套做法，應該可以讓他試試看。果不其然，出口科的業務，匯兌科科長依舊勝任愉快，從此，在國外部各科之間主管的輪調，逐漸成為常態。

到了後來，李仲英相當樂意起用我所推薦的國外部人才，到其他各單位擔任主管，他覺得國外部的營運很有秩序，人才濟濟。而交通銀行國外部這段職場上的經歷，正是我和李仲英結緣的開始。

我在交銀的時期，碰到國泰信託倒閉的金融危機，也就是所謂的十信事件風暴。在十信事件爆發時，社會的輿論都強調十信絕不能倒，它一倒，金融秩序必然大亂，財金官員也評估，三家票券公司手上的一堆商業本票都會完了，三家票券公司也會全倒，國家辛辛苦苦建立的票券市場，都將毀於一旦。因此，國泰信託一定要撐住。

當時交銀總經理是賈新葆，他曾跟我形容一段中間的經過。

有一天，賈新葆接到當時財政部部長陸潤康的電話，說是要來他交銀辦公室坐坐，由於兩人頗有私交，賈新葆當時不做他想，未料陸潤康一踏進到他的辦公室，後面也跟著一個人，那人就是當時的中央銀行總裁張繼正，看到這兩個人同時在他面前出現，心裡立刻有預感：可能有大事要發生。果不其然，他從兩大財經首長口中，聽到交通銀行必須即刻派一組人，接管國泰信託。

當時交銀奉命帶隊進駐國泰信託的人，是時任交銀副總經理的張天林，他是傳統的銀行員出身，他整頓國泰信託的作為和想法，與後來接任交銀總經理的李仲英[②]，有相當的落差。

李仲英一度有意讓我去接替張天林整頓國泰信託的任務，讓張天林回到交銀，雖然整件事最後沒有發生，然而，當時如果依李仲英的規畫進行，那也會是金融業界另一個大消息，當時，張天林已經六十多歲，而我還不到四十歲。

一九八五年，交通銀行在中央銀行的金援下，搬出幾百億的資金撐住國泰信託，然而只能穩住局面而未能收撥雲見日之效。不久之後，財金當局決定對外公開標售國泰信託，最後由以三陽機車起家的慶豐集團董事長黃世惠一九八八年接手，從此國泰信託改名為慶豐商業銀行。

整頓國泰信託的工作告一段落，當張天林回到交銀副總職務不久，就辦理退休，空出來的副總經理職缺，李仲英屬意由我來接任。這個想法和當時交銀董事長謝森中不同。謝森中希望這個副總職缺，能從當時跟著張天林到國泰信託進行整治的團隊成員中拔擢。據說，這個想法是來自當時行政院長俞國華的指示。

但李仲英則有不同看法，拔擢年輕的同仁擔任高階主管，能為交銀帶來活力和創新，為此，兩人僵持不下，後來李仲英擔心個人力量不足，希望我能去找時任財政部部長的錢純助一臂之力。

果然，接到錢純電話的謝森中，把我找去深談，並做了一個比喻，說有人過去三年考了九十分，有人則是過去的十年，每年都考八十分，我們不能因此判斷，認為考九十分的人，就一定比考八十分的人能耐好，不能夠這樣。

謝森中對這個人事案的堅持，多少埋下了日後我決定離開交銀的遠因。

注②：當時李仲英從台北銀行總經理調任交銀總經理，接替賈新葆。

在職場上「怎麼說」比「怎麼做」更需要智慧

我在交銀的時期，李仲英對我十分愛護。離開交銀後，我們也維持很好的關係。李仲英後來升任財政部次長，他在次長任內時，證交所總經理一度出缺，李仲英跟我說，其實他當時有在考慮是否安排由我接任，但未成局。過了若干年後，李仲英已轉任證券交易所董事長，並即將退任，我又再次接到李仲英的電話，提到台灣銀行總經理出缺，問我是否願意考慮。當時我已經在台積電擔任財務長，對於這個職缺，我曾經考慮了幾個禮拜。

那時候，已經是民進黨執政了，台銀總經理出缺時，台銀董事長陳木在透過李仲英尋覓合適的人選，因此李仲英推薦我去。當時李仲英即將從證交所董事長的職務卸任，但是為了國家，為了舉薦能做事的金融人才，李仲英再次勸進我，接受台銀總經理的職務，認為這仍是一個可以做事的地方。然而我徵詢了好幾位朋友，幾乎每個人都不贊成，最後我還是再次婉謝這位老長官的美意。

儘管我在花旗、摩根等外商銀行，獲得了很多金融產業的養分，但實際上奠定我整個領導管理風格，真正的轉捩點，是在交通銀行時期的歷練。在這段期間，不只培養一群在國內金融業界的明日之星，創辦了兩個新部門，同時也向交銀總經理李仲英學習了許多銀行管理的學問。

在交銀許許多多的會議中，我都會暗中觀察李仲英總經理是如何主持會議。日後在我到大華證券接掌總經理一職，碰到很多難題時，心裡常常會想：「今天如果是李總經理，他會怎麼做？又會怎麼『說』？」

其實在職場歷練久了，會發現「怎麼做」是一回事，「怎麼說」又是另一回事。有時，要知道「怎麼做」並不難，但是究竟要「怎麼說」，才能圓融的將事情處理得好，這種管理上的技巧，才真正不簡單。

此外，我從李仲英總經理身上學到，對我影響也最深的領導風格是「苦口婆心」。我的個性一向很急，然而，職場各色風雨都經歷之後，會發現，許多職場上的問題，再急也沒有用，只能一遍、兩遍、三遍，不斷的向同仁教導或規勸。交通銀行的經歷帶給我的，不只是對我一生有提攜之恩的貴人、一群相知相惜的革命夥伴，更帶給我在經營管理上無價的歷練。

—在交銀國外部的創舉—

在交通銀行，我除了遇到職涯中第一個伯樂——像李仲英這般不斷提攜，樂於給我機會的貴人，還培養一群感情深厚，日後長年跟隨我轉戰不同產業的子弟兵，更重要的是，在交通銀行時期，除了推行AO制度，還有幾件事，值得一提。

不卑不亢，與外籍總經理據理力爭

第一件事是國際投信。我在擔任交通銀行國外部經理期間，銀行指派我為國際投信的董事。國際投信成立於一九八三年，是國內外金融業合資的事業，也是當時唯一一家投信。由於國內缺乏相關經驗及人才，股東間因此協議，董事長由國內股東指派，總經理則由外資股東自國外延攬專業人士出任，負責實際經營。首任外籍總經理是位資深的基金經理人，欺負董事們對此行業不熟悉，氣焰囂張。而國內金融界的前輩，過去遇到洋人，多半禮讓三分，不願爭執。我出身外商銀行，了解某些外籍人士的高傲心態及習性，在董事會議事時據理力爭，雖然我令外籍總經理有些不快，卻得到多數董事的認同，尤其是董事長王志道。自此之後，有些董事會事宜，王志道常在開會前兩天電話徵詢我這年輕人的意見，甚至有一次他因公出國，竟然打電話要我代理董事長職務幾天，我受寵若驚，但堅決不肯答應，懇請他找輩分較高的董事代理。

首任總經理退休時，時任國際投信副總經理的胡定吾已在之前離職，另籌組中華投信。外資董事建議由當時代表外資擔任監察人的馬克．墨比爾斯（Mark Mobius）接任，墨比爾斯接任後提出許多新構想，我十分認同，也從旁協助他，沒想到他起意說服我去國際投信擔任副總。記得當時他跟我說，如果我們可以合作，必然會稱霸市場，獨占鰲頭。我雖然認同墨比爾斯的為人處事，但因自己對投信行業不熟悉，對長官也不好交代，於是婉拒了他的好意。墨比爾斯任職未滿半年，又遭國外高薪挖角而求去，對國際投信而言是一件十分可惜的事。事後觀之，對墨比爾斯而言，他的選擇是正確的。墨比爾斯後來成為全球知名度極高的基金經理人，被譽為新興市場教父。

多年後，有一次他率領一批機構投資人到台積電參訪，當時我是台積電財務長，協助他們行程的本地證券商不斷強調來賓在國際市場上的分量極重，希望張忠謀董事長出面接待。當我知道來者是墨比爾斯時，我跟聯絡人說，你放心，墨比爾斯不會因為是我出面而不高興。兩人多時未謀面，相見時賓主皆歡，也算是交銀時結下緣分的一段小插曲。

不做守成的人

第二件事是發行歐元商業本票。當時台灣經濟正在起飛，不論是民間，或是各大行庫的外匯存款，都開始迅速累積。在此之前，台灣不僅外匯資金極少，且多集中在台灣銀行和中國國際商業銀行這兩家銀行。有鑑於此，我開始研究如何增強交銀的外匯資金管理能力，這也是我開始研究國外證券市場的起源。

我的資金管理思維，就是把整個國外部當做一家規模較小的銀行來看，因為調節整個交通銀行外幣的資產負債表是國外部的職掌。

在那個年代，對一般傳統國內銀行而言，負債就是存款或各銀行間的拆借；資產就是短期的票券、債券，要不然就是放款。我當時開始考慮如何擴大我的業務規模，其中一個關鍵是：整個國外部外幣資金的來源，是不是只能來自存款或是各銀行之間的拆借？可不可能還有其他別的來源？

當時，國際市場上有所謂「歐元商業本票」（Euro Commercial Paper，簡稱ＥＣＰ）[3]在流通，對有資金需求者來說，這是很好的一個短期資金調度工具，但是，相較於國際間許多大型重量級的銀行，像交通銀行這般台灣本土型的銀行，在國際間不算有名氣，在國際市場上，不太可能有那個分量想發多少就發多少。如果交銀想運用這樣一個工具，就得尋求與歐美的投資銀行合作，讓這些大型投行幫交銀「架構」一個五千萬或一億美元的商業本票發行額度ＮＩＦ（Note Issuance Facility），然後，交銀就可以在這樣的額度內，去發行歐元商業本票。

大約在一九八七年，我與一家外商投資銀行談妥，簽訂相關的合約，讓交銀未來可以在國際市場發行「歐元商業本票」，謝森中董事長和李仲英總經理對此也沒什麼特別意見。然而，由於這是國內銀行界首次向國際市場發行的歐元商業本票，引起《亞洲華爾街日報》一位特派員的關注，在《亞洲華爾街日報》撰寫了一篇相關報導。

不料，這篇報導卻被當時的行政院院長俞國華看到了，原本以為是好事的事情卻令他十分不高興。在俞院長的觀念裡，認為政府的債務必須受到嚴格管控，一間小小的交通銀行，怎麼可以自己跑到國際市場上去舉債！

在我看來，一方面有大型外商銀行樂意與我們合作，可以提升我們的知名度；另一方面，就專業論專業，這是我管理一家銀行資產負債的一種方法，讓交銀發行歐元商業本票後，未來資金調度更為靈活。但顯然，這項看法並沒有獲得俞院長的認同。他打了一通電話給謝森中，直接訓斥他一頓。

一個在當時還算創新的做法，卻惹得行政院長大為不高興，謝森中只好趕緊寫了一封信，特地將整件事的來龍去脈做一番完整解釋。為免敘述其中細節有誤，這封「解釋信」是由謝森中和我一起共同完成。儘管謝森中對我率先發行歐元商業本票並沒有什麼反對意見，事後也沒有責怪，但他認為，事情發展至今，已經不是對

注③：指當時在歐元市場上發行的短期票券。

或錯的問題，問題在於長官有意見了，就必須跟他好好解釋。

坦白說，我當時心中並不以為然。俞國華當時已經位居行政院院長，對於這樣的小事，他應該交給中央銀行來處理，而不是直接訓斥我們。

在我看來，讓交銀發行歐元商業本票，不過就是一項小小創新的舉動，俞國華院長當時只不過看到《亞洲華爾街日報》的一篇報導，就直斥交通銀行是在胡亂舉債，事隔多年，如今回想起來，我依舊覺得委屈。只是當時俞先生畢竟是行政院長，且這封「解釋信」是由謝森中董事長親自具名，對於長官們的決定，我也只能服從。

一九八七年，政府開放了「OBU④執照」，我奉命負責籌備OBU的部門，並兼任OBU部門經理。成立OBU之後，國外部單純承做進出口、匯兌、授信等業務。而OBU則負責全行外幣資金的調度及外匯部位管理，因此原屬國外部的交易室是OBU的骨幹。為了提升同仁對國際資本市場的了解，我成立了一個小小讀書會，帶著交易室同仁一起研讀國外相關的書籍及期刊，然後進行討論。實行了幾個月之後，同仁們的相關知識有長足的進步，會見國外訪客都能侃侃而談，為交銀訓練出好幾位外匯人才。當時負責交易室的襄理王慎，就是代表性的人物。

主動爭取信託部經理

在接手交銀國外部經理期間，我經常觀察國際證券市場發展的動態，對證券市場產生了興趣。當財政部宣布即將開放信託執照，基本上同業都知道，這其實指的就是證券業務，也因此，我就向總經理李仲英自告奮勇，爭取籌設信託部。當時交銀中有其他人，向李總爭取籌設信託部的機會，但李總決定交由我負責。李仲英決

注④：英文全稱為 Offshore Banking Unit，中文全稱為「境外金融中心」或「國際金融業務分行」，是政府採取租稅減免或優惠措施，並減少外匯管制，以吸引國外法人或個人到本國銀行進行財務操作的金融單位。

定之後，謝森中把我找去，當面詢問：「你放著一百多人的國外部不管，卻要跑去管一個只有四十多人的信託部，你這是什麼想法啊？」

「報告董事長，因為我看見了台灣未來證券市場發展的趨勢在哪裡！」當時我心中很想講出這句話，但諸多考量，我還是跟長官解釋：「因為我對即將開放的證券市場有興趣。」聽完我的說法，謝森中最後也沒有阻攔，於是我就順利轉到信託部這個新部門工作。

帶兵有成，造就金融業明日將才

事實上，交通銀行原本就有證券經紀商，只是一直掛在儲蓄部底下，新的信託部，業務除了包含這批經紀商的工作同仁外，其中還有不少涉及全新的業務，因此當時我就帶了幾位國外部的同事，包括許婉美、葉公亮、黃幼玲、黃豐一等，一起到信託部去開創全新的事業。這群同事，就是日後我在金融業界的「子弟兵」。其中，許婉美日後出任富邦金控總經理，葉公亮日後轉任富邦證券總經理及董事長，他們現在都已退休。黃幼玲則在證券承銷圈闖出名號，是證券市場的知名人物。我的老搭檔黃豐一則留在交銀，若干年後，升任為交銀總經理，目前也已退休。

坦白說，這群所謂的「子弟兵」，他們百分之百都是交銀體系原有的員工。當初我決定要到交銀國外部任職前，曾有一位前輩建議我，先不要急著從外面找人進來，特別是交銀當時人事晉用相當保守排外，找人進來恐怕只會招致更大的阻力，最好的方法，是「從矮子裡選將軍」。前輩的這句話，至今我都還記在腦海裡，事實證明，懂得用人，幾乎每個人才不論高矮，都可以變將軍！

不久之後，我們一群人在新成立的信託部，做了幾件很漂亮的案子。第一件是包括中石化及中鋼在內的國營事業民營化，當時經濟部國營會為了國營事業民營化，找了外商顧問公司來規劃，由於涉及當時股份承銷，這家外商顧問公司負責人張樑就找上了我，透過我們的合作，順利推動了中石化及中鋼的民營化。

第二個成功的案子，是當時頗具盛名的高興昌鋼鐵上市。我們在三個月內，全力趕工，讓高興昌順利掛牌上市。高興昌的董事長呂擇賞在掛牌當日，興奮無比，滿臉都是愉悅的表情。他也致電給李總，再三道謝，大大誇讚信託部的服務。可惜的是，這家公司日後發生家族成員之間的經營權糾紛而走向沒落。

第三個成功的案子，是中華開發的現金增資案。當時台北股市相當熱，中華開發的股價，從原本二、三十元，一路漲到數百元，中華開發總經理江萬齡就想辦理現金增資，從市場上多募集資金。對此，中華開發的董事會，並沒有反對，可是這遭遇到一個問題：究竟該以什麼價格來辦理現金增資？江萬齡希望以約當一年前市價的價格來辦理現增，但董事會則質疑：當時中華開發的股票市價都已經漲到一、兩百元以上了，怎麼能以二、三十元左右的價格來辦理現增呢？這對開發的現有股東是不公平的。

江萬齡則辯解，如果以較低的價格辦理現增，原始股東仍有優先認購權。會場上就有董事提出：整個現金增資要預先保留一〇%的比例，給開發的員工優先認購，因此，用遠低於市價的價格去辦理現金增資，對現有的股東並不公平。

為此，中華開發董事會上雙方僵持不下，江萬齡是一個強勢的總經理，但董事成員也不願退讓，這項增資案也因此擱淺。當時交銀總經理李仲英也是中華開發的常務董事之一，覺得拖下去不是辦法，於是就跟我說：「你出來救救這個現金增資案吧！」

我和交銀信託部團隊仔細研究這項增資案，發現問題的關鍵，在於中華開發現金增資訂出的價格，必須是承銷商包銷後確定能夠賣得出去的價格，萬一現增價格訂得太高，或股市一旦崩盤、造成開發股價暴跌，這可能會慘賠，甚至套死承銷商，這也是為何現增案遲遲找不到承銷商包銷的原因。

由於當時中華開發股價一路狂飆，已漲過了頭，辦理現金增資的定價，隨時可能面臨回檔，甚至股價反轉，導致無人來認購的風險，經過交銀信託部團隊精算評估後，最後決定以每股兩百二十六元的價格辦理現金增資，負責承銷這項現增案的交銀信託部，不僅幫助開發募得二十二億六千萬資金，最後也順利全部下車。這件事交通銀行幫了大忙，但沒有人說一句謝謝。

不畏權勢，堅守專業分際

事實上，除了交銀信託部承接這項開發現增案有實質風險外，原先我個人對於接下這項委託，心中多少是有些抗拒的。這一切，起因於過去一段時日，我與當時這位中華開發總經理江萬齡的幾次互動。

因為交通銀行是中華開發大股東之一，依慣例，交銀國外部經理向來都擔任中華開發的監察人，我也不例外。當時我對中華開發充滿了好奇。因為父親張心洽先生本身就曾任中華開發總經理。然而，當年我只是個孩子，完全不了解金融這一行，如今也加入金融行列，開始對中華開發的業務有了深入了解的機會。

因為對開發特別好奇，加上監察人職責所在，我對開發提出的財務報告，都看得特別仔細。特別是經過一、兩年的觀察後，我感覺開發的內部經營，可能是有些風險，潛藏在財務報表之中。

中華開發是一家開發銀行，同樣也是個沒有太多資金來源的金融機構，資產負債的管理，就顯得格外重要。受外商銀行訓練所賜，我對於逾期放款和呆帳的數字，特別敏感。我既然身為中華開發的監察人，每年都必須在中華開發財務報表上簽名蓋章，這份財報才能呈報到主管機關，這個職責，我不能輕忽。

以我當時參與中華開發董事會的經驗，我很明白，如果我以監察人身分在董事會裡提出對財報上的疑問，江萬齡這位強勢的總經理一定會非常不高興，當場只會招致他不客氣的回應。何況，董事會裡面全是金融界的大老，我這樣的後輩，的確也不宜在董事會裡公開提出疑問，既有尊重倫理的考量，也避免耽誤大老們的時間。

然而，我既然身為中華開發的監察人，當然有這個職責在審查年度報表時，查閱更詳細的資料。因此，當他們財務處長送年度報表給我蓋章時，我就當面請他再提供中華開發當年度有關逾期放款和打消呆帳的細部資料，給我參考。考量對方有時間上的壓力，我跟他說：「為了不耽誤你們的時間，我先簽名蓋章，而我需要的資料，麻煩事後再補。」

但這一等，就是一年。第二年，這位開發的林姓財務處長又拿年度財報給我，要求蓋章。我只好跟他說：「對不起！去年請你提供補充資料給我，最後沒有給我，今年你必須先提供補充資料給我，我才會蓋章。」

林處長面露難色的離開了我的辦公室。不久，我就接到江萬齡親自打來的電話，劈頭就大罵：「你憑什麼看我們業務上的機密資料？你一個交通銀行小小的國外部經理，竟然敢來干涉我們中華開發的業務！我現在馬上就去跟俞國華院長報告，我看你這個國外部經理也不要幹了！」

江萬齡以開發總經理的身分，不僅打電話來訓斥我，同時也打電話給李仲英，李仲英就找我詢問：「你到底要看什麼資料啊？」

「我要看逾期放款的明細以及呆帳打消的帳目啊！我並沒有要看他們的薪資或敏感的人事資料啊！」我回答。聽到我這麼說，他也覺得不解表示：「這些都是很基本、很合理的要求啊！」

然而，事情都鬧成這樣了，李仲英問我，打算要怎麼解決呢？我回答他：「如果總經理您明確指示，要我不要再堅持了，我就直接在開發的年度財務報表上蓋章，如果您沒有這樣明確指示的話，我會堅持我自己的立場！」

李仲英說：「我沒有要給你這樣的指示。可是，這個情況，你要如何化解？」

我跟他說：「既然江總要向俞院長告狀，我去找錢純部長，向他說明[5]。」聽我這麼說，李總不再說話，於是我去財政部見了錢部長，報告事情原委。聽完我的陳述，錢純部長當下直接告訴我：「不要理他！」

之後，我也就沒有理會江萬齡。我既沒有繼續跟他們要開發的財務補充資料，也沒有再與江萬齡溝通，我只是按兵不動，也就是維持在沒有看到我要求的資料前，我不會蓋章的立場！

注⑤：錢純時任財政部部長。

看清權力使人傲慢

當時中華開發常駐監察人是一位黨政大老李崇年先生，與江萬齡熟稔，無計可施的江萬齡，天真的以為他可以透過李崇年來「要求」我這個監察人在他們的年度財報上配合蓋章。

結果，李崇年反而跟江萬齡直說：「你不要鬧了！監察人是可以獨立行使職權的，常駐監察人完全沒有立場來要求監察人配合蓋章。」

此時，江萬齡才開始慌了！最後，趕緊請當時中華開發董事長林永樑親自打電話給李仲英總經理，說明他代表江總經理向交通銀行鄭重道歉！我所要求提供的資料，他們會立即送過來，同時也希望我能夠在看完資料後，盡快在財報上蓋章。

這個過程讓我印象很深刻，堂堂的中華開發總經理，難道他會不知道，監察人的獨立性和基本職權是什麼？最後，我心中只得到一個答案：「也許這就是『權力的傲慢』吧！」

幾年之後，我接任開發總經理時，李仲英已出任財政部次長，主管金融業務，就任前，我前往財政部，拜會了這位老長官。李仲英對我說：「你去了開發，我就放心了，原本我對開發非常擔心，怕它遲早會出事。」的確，當時要不是中華開發潛在問題重重，我也不會急著大力推動一連串改革的作為。

身為開發銀行，中華開發和其他銀行最不一樣的地方，就是它手中握有一個長期累積下來的投資組合，主要的獲利是拜當時股市起飛的榮景所賜。如果去掉投資這一塊的獲利，其實開發本身其他的銀行業務，不僅沒有賺錢，而且還虧錢。

我認為，一個健全的投資銀行體質，應該是在傳統的金融業務上有小幅盈餘，透過手中的投資組合變現獲利，將整個銀行利潤衝高上來。這是一家銀行維持日常營運該有的正常模式，也正是中華開發的隱憂。

第四章

大展身手：帶領大華證券成為業界翹楚

我在交銀工作四年多，總會感受到在公家機構做事綁手綁腳，有許多地方受到很多限制。現在，眼前竟出現這樣一個機會，不僅是中央投資公司主導，同時還有世華等三家大型且聲譽良好的銀行參與，對當時三十多歲的我來說，覺得這是很好的機會，很願意接受挑戰。然而，在我接下總經理一職不久，就發現，整個情況似乎不太妙。

─在業界闖出名號─

講到大華證券，就必須講到徐立德先生。因為我去大華證券，最初就是出自徐立德的邀請。在那時，我跟徐立德並不是很熟，因為徐先生從經濟部長退下來之後，其實沒有任何公職在身，當時他的一群朋友，就合組了一家環宇投資公司，請他主持。

那時我在交通銀行國外部任職，有一次，他帶了一位加拿大財龍銀行的高階主管約翰．柏克（John Burk）來看我。因為這位外賓想知道，如果要來國內融資的話，有哪些事情應該要知道，所以我花了一點時間，把國內銀行融資的環境及做法，跟他做了詳細的介紹，我想，那次徐先生大概滿滿意的，對我也開始有了一些印象。

各方極力爭取的人才

一九八八年八月，徐立德復出，擔任國民黨黨營事業財務委員會主委，那時還沒有成立國民黨黨營事業委員會，國民黨的財務及所有投資事業，都是由財委會主管，他到了財委會，正好是國內證券金融市場快速成長的時候。當時財委會旗下的中央投資公司，就已經參與籌組一個綜合證券商，徐立德對這件事非常重視。時值政府開放證券商執照，新設證券商有如雨後春筍，不到一年就已有上百家新證商逐鹿中原。

本來國民黨黨營事業在這家綜合券商持有的股份並不是很大，大約一五%左右，而且是跟世華銀行、中國國際商業銀行，以及華僑銀行這三家大銀行共同投資，其中負責籌備的靈魂人物，是復華證券金融公司董事長沈柏齡。沈柏齡曾擔任過證管會的主任委員，對台灣的證券市場相當熟悉，所以是由他主導成立了籌備小組。除了沈柏齡，還有復華證券金融總經理林孝達，以及潤泰董事長尹衍樑，他們三位是主要的成員。

這家證券公司的總經理，原本也已內定由復華證金的一位高階主管轉任，徐先生到任之後，一方面要求將持股提高至三五%，同時要求聽取這個籌備小組的簡報，並約見這位內定的總經理人選。

在見過這位內定總經理人選之後，徐先生就有意見。他覺得這個人太過保守，不像開創新事業的人，不適合在證券這種快速成長的環境中，擔任新公司的總經理。因此，徐立德先生否決了籌備小組推薦的人選，決定另擇合適的總經理人選。

徐立德開始尋尋覓覓，探詢他心中適任的證券公司總經理人選，好幾位朋友都向他推薦我。因此，有一天，他打電話給我，說要跟我見面。他是長官，也是前輩，電話中，說：「孝威兄啊，我要來看你。」

「主委，您有什麼事情，您儘管吩咐吧！」我說。

「我們可不可以現在見面談一下？」徐立德先生再問。

我二話不說，當下就趕到徐立德主委的辦公室。一踏進辦公室，我才發現，有一屋子人早就坐在裡面，原來他們都是這家證券公司籌備小組的成員。

徐先生開門見山就跟我說，這家命名為大華證券的綜合證券商很快就要開幕了，但是還沒有找到總經理的人選，他希望我能答應他，接下這個總經理的職務。當下，我並沒有立刻答應。當時我在交通銀行信託部任職，交銀總經理李仲英先生待我非常好，我不能因為有新職務，就一走了之，至少我必須先取得他的諒解。

因此，當時我回答徐立德先生，強調這件事問題並不在我，我必須先取得交銀董事長和總經理兩位長官的同意。徐先生立刻說，這兩位長官的事，你不用管，我會處理。後來，他打了電話給李仲英總經理和謝森中董事長，結果，這兩位長官都不願意放人。

於是，徐立德先去拜訪謝森中辦公室，雙方談了許久，執意要謝森中放人，最後，謝森中被徐立德執拗「糾纏」得沒有他法，最後也就答應了。謝董事長都答應了，李總自然不便阻攔此事。

據說，謝森中送客出辦公室的當下，忍不住說了一句：「哪有人是這樣來挖角的！」當然，這只是聽到他人轉述，我並沒有在現場。但總之，最後整件人事案，就這麼成定局了。

—開辦初期的紛擾—

當時我已在交銀工作四年多了，總會感受到在公家機構做事綁手綁腳，有許多地方受到很多限制。譬如說，我在信託部做承銷，我們都看到承銷業務正在快速成長，將來愈來愈需要專業領域的人，特別是具有會計師事務所經驗的人來做承銷的業務。但是在公家機關，受到待遇及任用資格的限制，實在是非常難招募到這樣的人手，這是我遭遇到的其中一個瓶頸。

現在，眼前竟出現了這樣一個機會，不僅是中央投資公司主導，同時還有世華等三家大型且聲譽良好的銀行參與，對當時三十多歲的我來說，覺得這是個很好的機會，很願意接受挑戰。這就是最初我接下大華證券總經理職務的起因。然而，在我接下總經理一職不久，就發現，整個情況似乎不太妙。

陷入有責無權的困境

因為徐先生要求，中央投資公司占有大華證券三五％的股權，是具有決策權的大股東，連帶的整家公司的董事長和總經理，都是由中央投資公司指派。中央投資就指派了從財委會副主委職務上退休下來的王炳南先生擔任董事長。

王炳南先生是國民黨資深的黨職人員，在國民黨財委會服務幾十年，常稱自己是國民黨老家人，是幫國民黨「看家的」，事實上他對財經的事務，不要說是證券專業，就算是一般金融業務，可以說都不太了解。因此，整個大華證券經營的重擔，自然就全落在總經理的身上。

雖說情勢是如此，然而，只要一不小心，我就會成為一個有責無權的總經理。一開始，籌備小組拿出一個大華證券公司的組織圖，呈現未來公司整體的組織架構。

我既然答應要接下這個總經理職務，當然會有我的意見及看法。我和籌備小組表明，請小組成員們給我一些時間，我很快就會提出屬於總經理職權的組織架構。

話一說出，有一、兩位籌備小組成員相當不高興，認為我的態度傲慢。小組成員們也強調，未來的董事會包括世華、華僑銀行和中國商銀三家大銀行的總經理，而他們分別是世華銀行的倪德明、僑銀林立鑫，以及中國商銀的鄭世松，三人也都會成為大華證券的董事，同時，中國商銀董事長王志道，也會是大華證券的常駐監察人。言下之意，我這個小小的總經理，只有聽命辦事的分。

從這樣的結構來看，董事會的陣容當然很強大，然而，籌備小組還是擔心將來他們不能夠主導整個董事會，尤其擔心我的配合度不夠高，於是，籌備小組成員又透過董事長來跟我說，將來在董事會召開之前，希望能跟我有個「會前會」，提前了解我將要提報董事會的議案，事前先討論，並且必須在籌備小組同意後，才能提報董事會。

當時，我立刻拒絕了他們這個要求。在那個年代，台灣還沒有出現所謂「公司治理」的論述，如今看來，當時籌備小組成員的要求，著實完全違反了「公司治理」的原則。

依照「公司治理」最重要的原則：董事會中每位董事都應享有相同的資訊及平等的發言權，本身就是公司最重要的決策機構，不可以出現所謂「特權董事」或是「太上董事會」的情況。

從此，我跟籌備小組之間的互動就不太好，他們也常去徐立德先生那邊說我的壞話，建議應該撤換我這個總經理，但徐先生不為所動。據說，籌備小組成員甚至也曾打電話給交銀李仲英總經理抱怨，結果李仲英給對方的回覆是：「張孝威這個人，假如你們不要的話，那就趕快還給我，這個人對我有用！」

總之，這幾位籌備小組的成員，背後對我進行的排擠動作一直沒有停過。而最終浮上檯面，主要原因有二：一是，當我到大華證券報到時，我當然也希望找到一些得力的助手，一起到大華證券打天下。而這些人大多是我在交通銀行的夥伴們，可是無論如何，人事上的安排都需要一點時間。此外，我認為一家大型綜合證券商，業務上一定需要多元的發展，尤其在債券業務上，一定會有機會，因為當時在國內證券市場，並沒有任何一家證券商在債券業務上做出名號。

後來，我終於說服了我在交銀的一位部屬，當時是在國際金融業務分行，負責資金調度及交易的襄理王慎，跳槽到大華證券擔任財務部經理。當時在我的規畫中，財務部所扮演的角色，跟一般傳統財務部經理的角色，是不一樣的。

這個人事，與當時大華證券董事長王炳南的規畫並不相同。雖然他對於金融業務並不內行，但在當時，他對於大華的財務部經理，心中已經有了一個內定人選。他並未明白跟我說，只是暗示，然而，因為我心中已經有既定的想法，所以，基本上我也沒有回應王董事長的「暗示」，這一點，我想可能也惹惱了他。

另一方面，是關於公司未來的發展以及人事安排，當時籌備小組已經聘了兩位重要的幹部，都是從證管會轉任，一位是黃姓副總經理，一位是負責經紀業務的林姓協理。我與這兩位幹部分別談過，覺得他們兩位還是被太多傳統思維所限，我心中仍希望找到有能力從整個金融市場來看這家證券公司業務發展的人士，來擔任大華的副總經理。

因此，我好不容易說動了一位出身花旗銀行、從債券及外匯交易出身的朋友，出任大華證券副總。但這個人事案，就在我剛接任大華總經理，公司仍在籌備階段所舉行的第二次董事會中被拒絕了。當時，我非常不高興，心中也感到不可思議，心想如果我連要提一個自己選擇的副總經理人選，都在董事會無法通過，將來我又如何經營這家公司呢？

開完董事會後，我心中非常懊惱，深深後悔當時何必離開交通銀行，來到大華證券接這個職務？如今面臨進退維谷的兩難局面，這樣的處境，未來又要如何做事呢？董事會後，我就急著找徐立德先生，由於之前徐先生都會列席大華董事會，這次他卻缺席了。

結果，徐先生卻沒有辦法見我，只是打了個電話給我，說：「孝威啊，你不用為了這件事感到灰心，這次的董事會，他們不是來對付你的，而是來對付我的！」他強調：「所以，你一定要忍耐下來。」

聽到他這樣說，當下我也不知道該怎麼辦，但我能感受到的是，在這次的董事會，我並沒有獲得他非常強力支持的承諾。因此，我內心仍一直暗中琢磨，這樣的一個局面，未來的我又該怎麼辦？不僅心中不安，心緒也不穩定。

就在困惑之時，我去拜訪了當時已由財政部長調任行政院祕書長的錢純，跟他請教在當下的困境應該如何自處。我詳細說明當時在大華證券所面臨的狀況，懷抱一展所長的大志離開交通銀行，未料卻遇到這樣的董事會，恐將面臨施展不開的困局。

聽到我的一些內心話，錢純立即問我，大華證券董事會的成員有哪些人？聽完我報告的完整名單，當下二話不說，錢純一通電話就直接打進中國商銀董事長王志道辦公室，跟電話另一端的王志道說：「Harvey 辭掉他交通銀行國外部的工作，到你們大華證券，結果你們在董事會又不支持他做事，這樣怎麼行呢？不可以這樣子啊！」錢純很直截了當的跟王志道說：「C. D.，以後你在大華證券董事會中，一定要多支持Harvey！」電話中，王志道也當場承諾，以後如果我碰上任何問題，都可以直接去找他，他會幫我想辦法處理。

有了這樣的一個轉變，我原本一顆懸宕的心，終於也能踏實一點，決定繼續留在大華試試看。

不久，大華證券發生了一件重大的事件。

不做違法交易，下屬以辭職威脅

在交銀國外部，我雖然已經開始接觸證券業務，熟悉度並不算太高，但也有一定的了解。在當時台灣證券市場，證券公司獲利最高的是經紀商（brokerage）的業務。但我對這項業務了解有限，對其中一些上不了檯面的事情，我也不見得就管得來，心中也沒有太打算去多管這些經紀業務的操作細節，但我還是有一些基本原則的堅持。

我當時就跟這位負責經紀業務的林姓協理說，在經紀業務上，你們離市場比較近，你們自己知道應該怎麼做最好，而我只有三個原則，希望各位要遵守：一是不做丙（亦即非法融資融券）；二是不退佣；三是不開人頭戶。這三個基本原則，其實都是證管會三申五令，要求所有證券公司都不可以違反的基本規定。

我自己是金融科班出身，對於這些人頭戶，或是地下金融可能發生的風險，也非常關注。我跟林姓協理說，除了這三項原則絕不可以違反，其他你所做的業務，我統統會支持。沒料到這位林姓協理居然跟我說：「如果這三項不做，那我們這家證券公司就可以關門，不必做了！」

聽到他當面這樣回答，身為大華證券的總經理，我還是堅持，強調這三項原則是政府明令的法規，不能違反。

沒想到，不出幾個禮拜，林協理就提出了辭呈。

由於大華證券經紀業務的籌設，當時就是由這位林姓協理一手籌劃，裡面所有的人，幾乎都是他找進來的人。他提出辭呈同時要把整個經紀業務部裡面三分之二的人帶走，因為他要另立門戶，開設另一家證券公司。這樣一來，對我們影響當然是非常的大！當時，大華證券開幕的日期已經逼近了，所以這是非常麻煩的一件事。

林姓協理的辭呈整整寫了四大頁，裡面寫了很多對我的負面批評，也再三表達他的失望。其實如果他真的要走，沒有人能攔得住他，只是他這樣做，就是想要讓我難堪。可是也因為他在辭呈上寫了那麼多實在「太超過」的話，如果拿出來給董事會成員們看，這辭呈也很難挽回。

所以當我看到他的辭呈時，基本上，我只在他四大頁的辭呈上寫了幾個字：「呈董事會」，這個辭呈也就到了王炳南董事長那裡去了。

我知道王董事長心裡面，其實是想要留下這位林姓協理的，但是當他看了辭呈以後，自己也知道，要留下林姓協理非常困難，至少在檯面上，他很難跟我當面說，一個寫出了這樣辭職信的主管，還一定硬要把他給留下來。所以，那時候王董事長看了辭呈後，只說了一句：「真是少不更事！」也只好把這封辭呈，提報到董事會去。

即使辭呈提報到董事會中，他們心裡並沒有放棄要把這個林姓協理留下來的主意，仍在暗中運作，想要把這個林姓協理的辭職給圓回來。於是，他們就在暗中運作董事會的成員，其中沈柏齡和華僑銀行林總經理有些私交，我也不知道他私下跟林立鑫說了什麼話，案子提報董事會的那一天，林立鑫馬上就發言：「現在大華證券開幕在即，陣前換將，乃兵家大忌，所以我們是不是勉為其難，還是把他給留下來？」

講完這幾句話以後，坐在旁邊的王志道，馬上就把林立鑫拉到會議室外的一角溝通，等林立鑫再回來以後，就不再講話。也因為他不再異議，這個辭呈案最後也就無異議通過了。

這位林姓協理，帶了一大批人馬，離開了大華證券，當然，這對公司的營運來講，是一個困擾。那個時候，我們的人事部門非常辛苦，每天從早到晚打電話，叫人家來面試，因為我們急著要招募新人進來，幸虧我們及時招募到了在開幕當天維持基本運作最低需求的團隊，這是在大華證券開幕當時發生的一件曲折事情。

發生這樣的事情，我頭一次體會到俗話所說的「朝中無人莫為官」。當初，若不是錢純先生幫我打了通電話給中國國際商銀董事長王志道，我想，我的處境恐怕比原先要艱難許多。

堅持與闖天下的夥伴同進退

這雖然是個小插曲，但是，在大華證券這種國民黨黨營色彩較濃厚的金融機構裡，可以感覺得到這個公司相當複雜。

等到大華證券正式開幕以後，我找來的自營部主管李明玲，因為操盤得當，一下子幫大華證券賺了五千萬，因為這五千萬的獲利，讓整個大華證券的營運，彷彿吃了一顆定心丸。接下來，公司營運就算是穩定下來了，直到年底，經營團隊交出了一張不錯的成績單，自此以後，雜音漸漸消失，公司的經營開始步上軌道。

就在人事危機解除後不久，我接到老長官交銀李總經理的電話，代表剛升任中央銀行總裁的謝森中先生徵詢我是否有意願到央行擔任外匯局副局長。原來是中央銀行外匯局局長因突發事件產生人事異動而出缺，外匯局需要人當家，情況有些緊迫。我如果還在交銀，轉至央行服務可說是順理成章。但我剛到大華不久，公司百廢待舉，就這樣撒手不管似乎有點自私，又要如何面對幾位捨棄交銀十餘年年資跟隨我到大華闖天下的夥伴？我如果棄他們而不顧，他們情何以堪？幾經思量，雖然李總再三勸進，我還是婉謝了兩位老長官的提攜美意。

我去大華證券擔任總經理半年多後，公司漸漸穩定下來，整個公司氣象一新，但畢竟公司仍在發展初期，我覺得還有很多事情要做，但想要有創新的作為，前提要件是要獲得董事會的支持。

於是，我開始密集拜訪每一位董事會成員，特別是控有大華證券重要股權的三家大銀行，包括世華銀行、華僑銀行和中國國際商銀總經理出任的三位重量級董事，希望能夠讓他們了解我想要做的事情。

其中，世華銀行總經理倪德明已退休，接任的是汪國華，他與我是舊識，過去我們在國際投信都擔任董事，同時也有機會參與國際投信的事務，所以我們算是熟識；而中國國際商銀總經理鄭世松，一來我們本來就比較熟，加上還有王志道董事長的這層關係，我也比較不擔心；其中最不熟悉的，是華僑銀行的林立鑫總經理。

所以，我特別利用了過年拜年的機會，去拜訪林立鑫總經理，在他的辦公室，一談就談了近兩個小時。他問了我許多在過去一年內，他在大華證券所觀察到的一些現象。我就一一將來龍去脈說給他聽，並仔細說明曾在董事會裡無法細說的情況，他說他了解狀況了。

從此，他在董事會對待我是完全另一個態度，對我全力支持。我提報給董事會的內容他常常都是第一個發言，支持我的想法。可以看得出他有足夠的專業，而且做事對事不對人，是位正直的人。

林立鑫出身中央銀行，由於政府要建立票券市場，因此任命他為中興票券第一任總經理。後來因為農民銀行發生事情，把他從中興票券調到農民銀行救火，在農民銀行一段時日後，華僑銀行又發生了狀況，又把他從農民銀行調到華僑銀行，是業界公認能幹的總經理。

他後來被徐立德延攬，為黨營事業籌設大華銀行（後改為華信銀行），對於整個籌備的狀況，他並不是十分滿意。有一天，他打電話給我，問我願不願意去華信銀行擔任總經理？

他為什麼找我呢？因為財政部當時對於新設銀行總經理的資格，都有嚴格的限制，原來在籌備華信銀行的是盧正昕（Paul Lo）。盧正昕雖然在花旗銀行有相當的資歷，但根據財政部為設立新銀行頒布的法規，盧正昕並不符合資格。林立鑫幾度與主管機關溝通，即使以他在金融界的聲望以及國民黨出資的背景，仍然未能說服主管機關。林立鑫別無選擇，必須另覓總經理人選，於是他想起了我，因為我曾在交通銀行擔任三年以上的一級主管，在資格認定上完全沒有問題。我與盧正昕相識多年，他也是我在花旗的前輩，對於他的個性相當了解，如此布局人事，日後組織必然會不安定。於是我提出心中的疑慮，在電話中問林立鑫，那麼盧正昕該怎麼辦？他說：「跟你對調啊！讓他到大華證券來，然後你調到華信銀行去。」我又再問：「那我找來的團隊，又該怎麼辦？」他說：「沒關係啊，兩邊人馬就全面對調啊！你把團隊帶過來，他把團隊帶過去啊！」

但是後來，幾經考慮，我覺得當時的情況真的滿複雜。我相信，當時盧正昕已經相當辛苦籌備華信銀行至少一到兩年以上的時間，如果在這個時機去做這個更換，他心裡一定很不高興，認為沒必要去做這樣的更換，所以，後來我就婉拒了林立鑫的邀請。最後，林立鑫邀請當時台灣銀行副總經理王光生出任華信銀行第一任總經理，王光生是官股銀行國外部的先驅者，在外商銀行圈「Frank 王」的名聲相當響亮。王光生擔任華信銀行總經理三年後退休，才由盧正昕接任。

承銷業務打響名號

除了自營部的業務，大華證券在承銷業務上，也有很不錯的成績。我當時做了幾個很不錯的案子，舉例來說，永大、和桐、致福、中鋼民營化及後來的台積電等。

最主要是當時整個承銷市場在變化。那個時期政府的規定是，如果有新公司要上市，它的新上市股票必須要有一定的比例拿出來抽籤①。

這樣的規定，政府主要是希望新上市的股票，能夠平均分配到投資大眾的手中。由於當時股票市場熱，參與新股抽籤的人數，也就愈來愈多。

依照原先的規定，每位參與每一張新股抽籤的投資大眾，都必須先繳交四十元的手續費。假如這檔即將新股上市的股票，是投資人眼中的熱門標的，只要收到一萬份的抽籤申請，承銷商就會有四十萬的收入，股票愈熱門，承銷商的收入就愈可觀。

不走小路，以專業贏得客戶信任

當時台北股市市場行情的確很熱。我們完全沒預料到，每一檔新掛牌的股票，經我們承銷成功上市之後，到後面要辦理掛牌時，都會收到真是數以萬計、甚至超過十萬份的申購函！處理過程儘管非常耗費人力，但承銷業務帶給公司的手續費收入，也因此非常可觀。漸漸的，大華證券在承銷業務市場上的基礎，就這麼建立起來了，日後更成了承銷市場的常勝軍。因為經過大華證券向證交所申請上市的案子，得到核准的機率比較大。原因無他，因為我們承銷的案子數量多，比較有經驗。

在這段期間，因為當時股票市場很熱，很多的公司都想要上市，證交所對申請上市的審查也愈來愈嚴格，有些公司就設法與證交所聘請的審查委員暗中打交道，希望能夠得到這些委員的支持。至於是不是有什麼其他暗盤，也是傳聞中的事情。

注①：初次上市前公開承銷之普通股股票（ＩＰＯ）詢價圈購暨公開申購，也就是俗稱「新股承銷抽籤」。

雖然大華證券有很多申請上市的案子，但我們不做這樣的事情，這是我一貫堅持的原則。我記得，當時有一家通訊產業的公司，申請上市案就是請大華證券幫他們承辦。原本一路辦下來相當順利，就在即將舉辦申請上市審議委員會的前兩天，那家上市公司的總經理，突然急著找我，我跟他通了電話，問他什麼事情。

「我聽說，人家外面都有幫公司處理『交際股』的事情，你們好像完全沒有在處理？」這位通訊產業公司的總經理，在電話那頭詢問：「那這樣子的話，我們申請上市，通過的機率會降低很多，你們都沒有做你們該做的工作。」電話中出現他對我的一些「質疑」。我跟他說，我們大華證券做事的方法就是不建議「交際股」這類事情，這是我的原則。我也告訴他：「反正現在距離上市審查會議開會只剩一、兩天了，你要我臨時處理，時間上也不可能來得及，所以我看我們乾脆就不要這麼處理了吧！」

我以這個理由把它給擋掉了，他當然不是很高興，但更多的是擔心。他的擔心，我們當然可以理解，畢竟當時掛牌上市的申請，可以說「人人有機會，個個沒把握」。結果，申請上市審查當天，絕大多數的上市申請案都被刷掉，但這家通訊產業公司卻順利通過了！這位總經理非常高興，也對我們另眼相看。

這個案例讓市場都知道，大華證券當時靠的是專業，都是硬碰硬，每個申請上市的案子，都是這樣憑實力、一步一步在市場上打下基礎。

做這些案子，真的非常辛苦，也因為這樣，我們承銷業務的團隊，大家的革命情感非常濃厚，團隊的重要成員包括葉公亮、許婉美、黃幼玲、黃慧珠（日後一度出任美林證券台灣地區總經理）等人，直到現在我們每年都會固定聚會一次。

親上火線說服蔣孝勇

為了維持上市公司的品質，我們自然會仔細檢視申請上市的公司，針對它的內部控管制度、過去的帳務等，提出許多改善要求，直到改善到我們可以接受的程度，才願意幫它提出掛牌上市的申請。

其間也有一些公司，因為我們要求它再等一段時間，對我們非常不諒解。但說實話，我覺得做為金融業，聲譽對我們非常重要，我們的聲譽，才是立於市場不敗之地最重要的條件。所以，在這方面，我對於客戶是不會有所讓步的。甚至於當時黨營事業中，有公司要上市，如果我們查帳時發覺仍不符合要求，一樣會要求它先改善，然後才申請上市。

當然，這裡面難免會觸動某些有力人士的敏感神經，但是，我在這方面從來沒有讓步過。其中有許多故事，例如徐立德先生希望大華證券能盡量輔導黨營事業旗下的一些公司掛牌上市，於是我們就去拜訪黨營事業中興電工。妙的是，當時中興電工卻一直迴避與我們見面，接觸兩、三次之後，他們突然發現是「自己人」，才大方與我們見面，研商上市事宜。

對於中興電工掛牌上市案，大華證券投入了加倍的力氣去承辦輔導事宜，也坦白的跟中興電工直言，它帳上幾筆有關土地的交易，有點不尋常，在我們工作總結評估的報告中，建議他們等兩年再申請上市。

原因是證券交易所上市審查的過程中，申請送件時必須提交前兩年公司的財務報表。看到中興電工的詳細帳目，我們向他們建議，若想要順利掛牌，必須等兩年，如此，在審查範圍內就不會有這些非常規交易。若不願意等這兩年，大華證券無法擔任上市送件的主辦承銷商。

此事自然引起中興電工高層的關切，而當時中興電工董事長就是經國先生三公子蔣孝勇先生。因此，當他聽說，大華證券在幾筆土地交易上有疑慮，不建議中興電工即刻送件申請，蔣孝勇先生以為是我們在刁難中興電工，就直接向徐立德抱怨。

我跟徐先生表明，站在專業的立場上，中興電工若要由大華證券輔導上市，就必須等兩年。而徐立德先生站在財委會主委的立場，當然希望愈多黨營事業能掛牌上市愈好；然而，我也向他說明大華證券負有保護黨營事業聲譽的任務，否則在證券市場一旦出事，恐怕得不償失。徐先生左右為難，於是要我直接去找蔣孝勇本人溝通。

我記得當時我特地到安和路和仁愛路交叉口、米蘭珠寶樓上七樓蔣孝勇辦公室去拜會他，當面跟他解釋，中興電工的幾筆土地交易恐將引起查帳人員疑慮，進而有被審查單位列為非常規交易的風險，因此，必須等到這幾筆交易過了期限之後，申請上市才比較妥當。

雖然當時經國先生已過世數年，蔣孝勇先生在政壇上仍然頗有影響力，但是他並未擺出強硬的姿態，當場也解釋了這幾筆土地交易的來龍去脈，然而，對我做這些「解釋」其實是「無濟於事」，畢竟大華只是承銷商，並不是證交所的審查人員，即使誠如蔣孝勇所言，他們的許多交易都是「情有可原」，但是中興電工願不願意為了上市審查，將這些內情搬上檯面，而審查單位又是否會接受這些解釋，都是不確定的事。

出於專業的考量，我依舊跟他當面表明大華所堅持的立場，何況這涉及股票掛牌上市的專業領域，最後，整個中興電工上市案，就依照大華證券的規畫，兩年後才申請掛牌上市。

在大華的期間，因為我們在承銷方面做了很多很成功的案子，所以在市場上建立了很好的名聲，許多上市或準備上市的公司都樂意跟我們來往。我們迅速成為在市場上，最有競爭力的證券承銷商。

幫助台積電快速掛牌上市，贏得張忠謀信任

我在大華證券總經理的後期，有同業抱怨說「市場上的潛在客戶，我們已經拜訪七、八次了，業務還不肯給我們做，你們大華去跟他們招個手，他們就全給你們做了」，當時大華證券在市場上受信任程度之高，由此可見一斑。因為有這樣好的名聲，我們拿到了一個非常重要的超級客戶，那就是台積電。

當時，台積電想要規劃上市，張忠謀董事長打電話給我，電話中說他跟不少人打聽，上市該找哪家證券商，所有人都跟他說，如果要申請掛牌上市，就一定要找大華。我根據台積電提供的資料，提出一張建議事項清單，張忠謀董事長照單全收，最後，台積電依照我們的規畫，一步一步順利申請上市，這是一個非常光榮的

戰績。

我於一九九二年夏天離開大華，這個異動其實並非我自己的選擇，而是徐先生下達的指示。當時，我面臨的第一個問題是：那大華證券未來的經營，又該怎麼辦？

在那個當下，我想起好朋友宋學仁，他當時正在澳洲四大銀行之一的Westpac（西太平洋銀行）台北分行擔任總經理。我就去說動他，要他離開外商銀行，到大華證券接任總經理一職。宋學仁後來聽了我的勸，放棄了外商比較優渥的待遇，到大華證券來做總經理。這也為宋學仁日後投身高盛，埋下一個重要的伏筆。

宋學仁到大華之後，有一天告訴我，他在我的置物櫃中，發現我留下的一本記事本，其中記錄每天大小會議的待追蹤事項，他翻閱之後，深深體會到當年成立時的篳路藍縷，以及開創新事業的辛苦。

徐立德先生其實非常了解我做事情的方法和個性，基本上他也大多尊重，有時，我們私下相處時還會取笑我，把關的態度太過強硬，但他並沒有勉強我，還是尊重我堅持原則的做法，這也是在大華證券一個值得回憶的附注。

債券業務領先同行

大華證券成立的初期，我是請從交銀國際金融業務分行挖角來的王慎在財務部門兼做債券，過了差不多一年左右，我們就正式成立債券部，指派王慎出任債券部經理，這就是大華債券業務的開始。王慎日後在證券圈闖出名號，出任大華證券總經理、中信證券董事長，現已退休。

當時公債市場上常發行十年或八年的公債，財政部國庫署早就印好了，再交中央銀行發行公債，每半年購買公債者就會拿息票去兌息一次，不論市場利率如何波動，息票的利率早已固定。然而，長達八到十年的長期利率，必然是浮動的，不可能是固定的，當時就是大華證券向中央銀行多次建言，國庫局應建立一個公債發行機制，透過拍賣，反映當時利率市場的狀況，公債發行的拍賣程序就在那時逐步建立起來。

一九九〇年到一九九一年間，政府召開了兩個重要的金融會議，一個是全國金融會議，另一個是全國證券會議。全國金融會議主要是商討國內許多金融市場發展所面臨的問題。當時，證券商在國內非常沒有地位，全國產官學受邀與會的兩百多人中，僅有兩人來自證券業，而我是其中之一。

當時市面上管證券商叫「號子」，證券這一行在整個金融產業中是二等公民，然而，在這場全國財經政商大老雲集，最具分量的全國性金融會議裡，他們會邀請來自證券業的我，據前輩的說法，至少當時他們對我是另眼相看，認為我是做實事的人，而證券業的聲音也不該被忽視。

在這次的全國金融會議中，大家發現證券這個領域有不少有待解決的問題，過了半年之後，又再召集一場針對證券市場浮現的問題舉行的全國證券會議。

大刀闊斧促成改革

在大華債券業務發展上，我們其中一項創舉是「大華公債（債券）指數」，這是當時大華證券研究部經理宋強所研發出來的。宋強是我從紐約華爾街挖角回台的金融人才，原本服務於華爾街排名前十大的華友銀行（Chemical Bank），專長在債券和金融指數的交易，是歷練過華爾街大型交易場面的人才。

宋強是時任央行副總裁邱正雄早年在台大經濟系任教時的學生，頗獲邱正雄的賞識。當時大華證券不斷向政府建言，要改變公債交易的制度，希望從原先固定利率的制度，改成標售的「荷蘭標」，後來邱正雄也從善如流，頗能接納我們的想法，促成公債發行市場的改革。

此外，債券要做大，關鍵在於要做「附條件買回」（ＲＰ）業務②。不論我去參

注②：或稱「附買回交易」（Repurchase Agreement, Repo）、附買回協定、回購協議或正回購，是貨幣市場的一種金融商品。在附買回交易中，交易雙方同意債券持有人賣出債券後，在未來約定日期回購債券。回購價格必須高於賣出價格，兩者之間的差異由回購利率（repo rate）決定。

加「全國金融會議」或是「全國證券會議」，我都大力鼓吹，希望政府能開放證券公司承做票券的「附買回交易」。然而，三家寡頭壟斷的票券公司（國際票券、中興票券、中華票券）是從頭至尾全力反對，緊抓著他們的特權不放，因此證券公司沒有得到這項業務。

在業界所謂「附買回交易」這樣的做法，究竟是怎麼來的呢？

過去我在交銀信託部時期，在債券業務上就常運用到「附買回交易」，事實上，這項日後在台灣債券市場普遍運用的做法，追本溯源，一開始是源自於花旗銀行。

我在花旗台北分行時期，每個禮拜都會列席一個全行資金協調會，所有會產生大筆資金進出的業務，都會在這個協調會上報告，這其實就是在監控整個分行資產負債的狀況，就連我們這些剛進入銀行的年輕基層主管也都列席旁聽這個協調會。

業務單位會在協調大會上報告一週以來，放款的需求有多大，需要多少資金；資金調度單位就要報告，當前現有的資金狀況為何，能供應多少的資金對外放款。

當時（台幣）資金需求相當緊俏，新台幣資金拆款利率甚至可以高達一五%以上，現在聽起來，難以想像。

當時擔任美國花旗銀行台北分行Treasury（外匯及資金交易中心）的主管是助理副總裁辛紀秀提出這個「附買回交易」的做法，可以說是國內資金市場實施「附買回交易」的先驅，也是他個人職業生涯的顛峰之作。

然而「附買回交易」始終處在「灰色地帶」，因為這項做法，沒有任何一個主管機構正式核准過。這項做法並非完全沒有風險，畢竟當時沒有任何一家承做「附買回交易」的機構能確保不會有一券多賣。

因此，我在大華證券總經理時期，就曾多次建議政府，在業界普遍採用「附買回交易」的同時，應該針對附買回的標的，由一個公正的第三方保管機構進行保管。

舉例來說，如果業者手中持有十億公債債券，同時也從事十億公債的「附買回交易」，此時雙方的協議是業者出售手上十億的公債給你，客戶的十億元資金匯給業者，但由出售的業者負責保管這十億的公債債券，到期時十億資金還給客戶，公債債券再劃回到業者帳戶上。如果每一家金融機構都在帳務上能落實這個做法，也許就沒有問題，然而，萬一有人「一券多賣」，就會引起市場信心危機。

當時我在「全國證券會議」上進行這項針對「附買回交易」設立第三方保管機構的建議，果然又遭到這些票券公司的極力反對，畢竟這項制度一旦落實，必然會壓縮他們在日常運作的業務彈性空間，但是彈性若沒有嚴格掌控，就會發生問題，若干年後，國際票券出事，就與業務彈性太大脫離不了關係。

因為大華證券在債券市場有許多創新之舉，許多證券同業才發現，原來一家證券公司可以發揮的業務空間如此寬廣，他們也才明瞭，何以大型綜合證券商需要將資本額擴充到五十億元以上的真正原因。

開國內證券業併購先河

在大華證券後半時期，還發生了一件對大華證券日後發展有重大影響的事件，那就是與永信證券的合併。

基本上這整個案子，就是一個併購案，只是我們並未付出多少現金，而是以股權交換方式進行，並保有經營權。

以國際的格局做事

在經營大華綜合證券商一段時間，而且在債券市場比較活躍以後，我就深深感覺到綜合證券商是一個金融事業，它必須要有較大的資本才能靈活運用。起先，大華證券擁有三十億元的資本額，後來跟永信證券合併，變成一家擁有五十億元資本額的綜合證券商，我們是當時所有證券商之中，資本額最高的。

永信證券原本是美國信孚銀行（Bankers Trust）和永豐餘共同合資的綜合證券商，是由信孚銀行負責經營。所以，當時信孚銀行台灣區總經理郭炎，也兼任永信證券總經理。剛開始，台灣證券市場很熱，但是到了後來，全台灣證券商家數非常多，且證券市場交易量逐漸不像過去那般熱絡了，永信證券的業績就相當不理想，甚至已開始呈現虧損狀態。

雖說永信證券是信孚銀行在經營，但真正的大股東是永豐餘。永豐餘認為，長此以往，將造成很大的負擔，所以，後來我跟當時的永豐餘執行副總黃宗仁談到合併這個想法，兩個人很快就達成共識，我們就把永信證券給併過來了。

對我來說，最大的目的是要擴增大華證券的資本額，雖說有別的股東加進來，但我們原始的股東不用再拿出新的資金，造成他們的負擔。這樣一個大資本額的公司，起初很多證券同業完全看不懂，覺得我到底在幹嘛？為何需要這麼大的資本額？經過一段時間，大家終於看懂我的策略了。因為不管是做承銷，還是做債券，其間都牽涉到相當的風險，需要相當大的資金來承做。

那個時候，也有人問我是怎麼看出來的？其實，關鍵無他，我純粹是從國外金融業的發展歷程，來看證券事業的發展，但當時的證券業同業，完全是從台灣證券市場的角度看事情。

過去，他們都是以小資本經營，證券業都是以小搏大，當然不以為然，可是，事實上，這整個行業的趨勢已經有了改變，有一些新的發展。這些其實是我參考一些國外的證券市場的資訊，因此，很早我就看見了這個趨勢，及早把大華帶到一個很穩健的地位。

併購名稱也是一大學問

談到併購，我要補充一個小故事。原先國民黨黨營事業在籌設新銀行的規畫，一直是籌辦大華銀行，而華信銀行則是花旗銀行出身的盧正昕在潤泰集團的支持下所籌設，原本屬於兩個不同的籌備小組。只是當時有人向徐先生提議，希望讓兩家銀行合併為一家，而不用各自申請，因此，本質上是個合併案。

但每一個合併案，除了對價關係之外，同等重要的是合併後的新公司名稱。通常即將要合併的甲方和乙方，都會對新名稱有一定程度的堅持，要用什麼樣的名字。舉例來說，大華證券和永信證券的合併，我們當時就堅持新公司名稱維持原來的大華證券，而沒有把永信證券的名字加進來。但大華銀行和華信銀行的合併，最後卻採用了「華信」銀行的名稱。

當時聽到的解釋是，「華信」代表「華人的信用」，名稱響亮。但事實上，骨子裡不是。而是源自於潤泰的前身華信紡織，背後的用意難免會令人聯想到，這家合併後的新銀行，就是我家族裡傳承下來的產業。這等於是「被矇騙了」。如果當初國民黨黨營事業相關的當事人知道，原來「華信」二字，是人家家族傳承下來的名字，又怎麼可能會答應以「華信」二字，做為合併後新銀行的名稱？

在大華證券和永信證券談合併時，曾發生一個轉折。最初，大華證券已經洽談中的合併對象不是永信證券，而是中信證券。當時這樁合併案，我是直接與辜振甫先生的公子辜啟允談的，辜啟允其實意願很高。政府當年大幅開放綜合證券商成立，後來卻發現，原來證券市場並沒有想像中那麼好，證券業務並沒有想像中賺錢，我就跟辜啟允說：「市場如此競爭，你們就把中信證券併給我，難道你信不過我嗎？」

「我們當然信得過你！」辜啟允跟我是多年好友，彼此互信基礎夠強，所以當下是願意的。接著他就回到家族內部會議去溝通，並且取得共識，但唯一考量點就是，合併後的新證券公司名稱是什麼？

辜家希望未來合併後的新公司，仍叫做「中信證券」，我跟辜啟允說，這個名稱，徐立德先生一定不答應，他肯定會要求還是叫做大華證券。結果，雙方就因為名稱到底是「大華中信」還是「中信大華」僵持不下，最後宣告破局。

當年，中信證券在經紀業務上市占率相當高，在我和永信證券洽談合併之前，其實與中信證券幾乎都已談妥，甚至也已取得和信大家長辜振甫先生的首肯，然而，未料卻因為辜家在新公司名稱的堅持而談不攏，最後我也只好另覓永信證券，做為合併的談判對象。

對徐立德先生來說，成立大華證券，是一家國民黨黨營事業，若最後名稱選擇了「中信證券」，他無法向相關人士解釋，為何使用「中信證券」這樣一個企業集團色彩鮮明的名稱。

然而，大華銀行與華信銀行當年合併後，竟然在不了解內情的情況下，名稱最後改成「華信」銀行，這也是徐先生當時始料未及的。

第五章

正面對決：中華開發公司治理之爭

這是我生平第一次經歷到上帝就在我的身邊，在我內心最孤單的時刻，上帝用祂的愛帶給我無比的安慰與勇氣。這段短短的經歷卻是我人生中非常重要的時刻，我心裡不再徬徨，決定要訴諸社會公評。

意外的總經理任命

一九九二年七月的一個星期天清晨七點，我接到國民黨財委會主委徐立德的來電，要我立即到他家商量要事。進門坐下，他開口就說：「中華開發出事了。」原來是劉泰英（當時的董事長）前一天去找他，出示了一些不利於江萬齡的證據，要求他同意立即撤換江總經理。徐立德看了資料後覺得事情難以挽回，開始思考接替江總的人選。徐先生說，劉泰英推薦開發的李鎮海①接任，他沒有同意。劉泰英又提出由自己兼任，他也沒有同意。因此他必須盡快提出他口袋裡的人選，話說至此，他話鋒一轉，對我說，你就是我口袋裡的人選。

聽徐立德這麼說，我內心憂喜參半。中華開發是我父親創辦的公司，跟我們家族在情感上有很深的連結，我如能接下父親留下的棒子，母親一定會十分欣慰。但我也有幾分擔憂，因為根據我在大華的經驗，總經理跟董事長如果沒有默契，是很難做事的，我沒有把握跟現任董事長劉泰英能在短期內就形成默契。因此我的回答語帶保留，徐立德立刻接著我的話說：「其實各方想要爭取這個位子的人很多，但我只有一張牌可以打，那張牌就是你，所以你非去不可。」就此，我開始了四十年職涯中最艱困的一段日子。

機會只給準備好的人

我去接中華開發總經理職務時，中華開發已經是一家有三十三年以上歷史的金融機構了。中華開發的黃金時期是在一九六〇年代。全盛時期，中華開發做了很多的事情，主要原因在於它扮演的角色與所有金融機構都不相同。那個時期台灣在政府政策支持下，發展了許多致力於拓展出口或取代進口的新興企業，資金需求旺

注①：當時擔任顧問。

盛，然而，台灣各大銀行只能提供短期資金的融通，鮮少承做五年以上、中長期資金貸款，當時能夠提供這些新興企業中長期資金的就是中華開發。換句話說，中華開發掌握了當時台灣許多新興企業發展的資金命脈，可以說，對於一九六〇年代的台灣經濟，扮演著舉足輕重的關鍵角色。

一九七二年，我父親張心洽先生去世的時候，很多人想來接他所留下的中華開發總經理位子。聽說當時的央行總裁俞國華和財政部長李國鼎心中各有屬意人選，而且各不相讓。俞國華合意的人選，是當時中國國際商業銀行的副總經理佘建寅，而李國鼎則屬意由當時的經濟部工業局局長韋永寧接任。由於兩邊僵持不下，中華開發總經理的繼任人選，宣告難產，懸宕了數個月，最後，雙方雖不滿意卻共同能接受的人選，是一直在代理總經理職務的中華開發執行副總沈琰。經過數個月兩派勢力各自角力，最後拍板，中華開發新任總經理由沈琰勝出。這段傳聞，在王紹堉先生的回憶錄②獲得證實。

沈琰是美國麻省理工學院的化學工程博士，出身台肥公司的總工程師，在化學工業領域經驗豐富，人極聰明，但在事業上並未展現強烈的企圖心。因此，在他接任我父親成為中華開發總經理的十一年任期間，基本上採取「蕭規曹隨」的政策，創新的建樹並不多。漸漸的，中華開發以往陪伴台灣經濟蓬勃發展、欣欣向榮的活力，開始緩步，維持中規中矩的開發銀行樣貌。

我跟沈琰的關係非常好，他對我很是愛護，常常跟他一聊就聊上一、兩個鐘頭。約莫在一九八二年到一九八三年間，當時我還在摩根銀行服務，有一天，他突然跟我說：「我現在年紀慢慢大了，再過幾年，應該也要退了，Harvey，你想不想到中華開發來？」他說：「如果你能到中華開發來，我就讓你擔任副總經理，接下來，整個開發的日常營運，我就逐步放手，讓你來管，我退居第二線。」

沈琰突如其來這麼一問，的確讓我有點驚訝。但在當時，我還年輕，不知天高地厚，有些躍躍欲試。他又跟我說：「假如你有興趣的話，去看一下俞總裁，跟他

注②：《王紹堉先生訪談錄》一書，國史館出版。

報告一下這件事，假如他首肯的話，我們就朝這個方向來推進。」

我聽了他的話，跑去看俞先生。然而，俞國華當時的態度非常保留，當場說了句：「年紀輕輕的，做什麼副總！」當年的我，約莫才三十一歲，想當然耳，當場就在俞國華面前碰了一鼻子灰。

回來之後，我跟沈琰說，俞先生並不贊成這個人事案啊！沈琰當場也非常驚訝的說：「喔？怎麼這樣子呢？我已經跟俞先生說過了，當時他笑笑的說『好啊好啊』！」

原來，就在不久前，沈琰和俞國華先生一起在高爾夫球場上球敘。沈琰問了俞國華說：「總裁，您認為Felix（父親張心洽先生的英文名）這個人怎麼樣？」俞國華當場立刻說：「Felix當然是一位非常優秀的人才！」言談之間，給予我父親非常高的評價。沈琰趕緊接續著俞國華的話，說：「總裁，Felix的兒子Harvey，跟Felix是一樣的耶！」

比照沈琰和俞國華之間言談的融洽氛圍和互動，沈琰對於後來俞國華的反應，心中也頗納悶，但不論如何，我和中華開發的第一個機緣，就在俞國華先生一句「年紀輕輕的，當什麼副總」，沒了下文。

不過，與俞先生的會談過程中，他曾提了一句：「你應該在一、兩年之後，先到一家大型行庫做一級主管歷練一下。」日後，當我到交通銀行擔任國外部經理時，才恍然大悟：原來俞國華先生心裡也沒有反對的意思，只是當時的我真的太年輕，又沒有任何國內大型行庫的歷練，直接空降到中華開發擔任副總經理，對我、對開發，也許都不是個上策。

當然，也許有人會認為，日後我去了交銀國外部，是否是俞國華先生預先埋的一個伏筆？我想這真的未必。我知道指引我前往交銀的長輩——也就是前交銀總經理潘鋕甲先生，一直是深得李國鼎先生信賴的人士之一，既由潘鋕甲先生牽線，那這場人事布局，應該就與俞國華先生沒有關係了。畢竟在一九八〇年代，台灣各大公營行庫的人事安排，基本上由央行總裁俞國華和財政部長李國鼎兩個人點頭，就能成局。

堅持建立嚴謹的審查制度

沈琰在中華開發總經理任內待了十一年退休，後來俞國華點名江萬齡來接任。然而，俞國華和江萬齡之間到底是什麼樣的關係？對外始終是一個謎。外界對於他們之間的關係僅止於猜測，始終沒有人知道真正的答案。但顯然，俞國華與江萬齡之間關係必然非比尋常。江萬齡在出任中華開發總經理之前，一直是政治大學企管研究所的教授，從無任何金融業的相關歷練。

江萬齡在中華開發總經理的位子上，也做了九年的時間，但比起之前歷任的開發總經理，他在外界的個人風評，褒貶相當不一。我在交銀任職時，幾位擔任開發常務董事的金融界前輩，不論是李仲英、賈新葆、歷任中國商銀董事長金克和，還是王志道，都對於江的作風有意見，外界評價也沒那麼正面。在江萬齡開發總經理九年的任期內，不只他個人行事風格外界褒貶不一，就連中華開發整個金融機構在外界的地位分量，評價也大不如前。其中重要因素之一，是台灣整體經濟情況在這九年之中，起了很大的變化。過去中華開發最大的特色之一，也就是提供企業界中長期資金融通的來源，型態上有了很大的改變，因為各大行庫也開始逐漸都能提供中長期資金貸款，過去開發特有的重要地位和競爭優勢，已經開始式微。

就在中華開發處於不同時代的背景下，我來到了當時成立已有三十三年的中華開發，接下總經理職務。當時，開發裡面仍有一定比例的員工，是二十多年前我父親曾帶過的老部屬，他們待我相當友善。當然，前一任江總九年的任內也安插了許多他的人馬，包括授信處處長、投資處處長，以及所謂的「顧問」李鎮海，還有幾位具有博士學位的主管。他們之間共同的特色是，到中華開發任職之前，毫無金融背景的工作歷練。以我一個金融科班出身的人來看，多少覺得這樣的現象很奇怪。由此也看出，開發的用人制度相當紊亂。做為一家金融機構，嚴謹和紀律是非常重要的。但是當我真正進入中華開發，卻發現，它不僅嚴謹度很差，治理上也全無章法。

舉幾個例子。任何一家做投資授信的金融機構，都有一個很重要的機制，也就是「審查」。雖然並不是當時每一家金融機構都設有「審查部」，任何一件達到一定金額比例的授信或投資案，都必須經過審查部或授投審查會的幕僚小組先行過濾，才能送到「授信投資審議會」裡面去討論，討論通過之後才算是成案，接著才能送達董事會，經過核准才能進行。這對任何一家大型金融機構都是最基本的流程。換句話說，所有的授信案，一定要經過很嚴格的把關，如此才不致造成金融機構的「呆帳」。

我在外商銀行服務，尤其是在摩根銀行擔任業務部經理時，一來，當時已經參與銀行較多的決策，二來，剛好那段期間，台灣經濟不景氣，企業界陸續傳出有倒帳的問題，那時我已經很深切體認到，放款絕對需要非常謹慎。因為銀行的每一筆放款，都不可能有百分之百的把握絕對不會出差錯，所以，我們所提出一％或二％的呆帳比例，指的是金融機構對外放款，在眾多放出去的貸款案中，每一百元可能會有一到兩元變成從此收不回來的壞帳。但這一到兩元的壞帳，究竟會出現在哪一個放出去的貸款案之中呢？事先沒有人會知道。金融科班出身的人，會知道唯有在完全小心謹慎、嚴格把關之下，才能把壞帳比例，盡量控制在這一塊錢以內，可是，非金融機構出身的人，有時不太能體認到這一點。他們就會覺得，反正我做的投資放款有很多筆，也有提一定的呆帳比例，如果真的有一筆放貸真的變成呆帳，那又有什麼關係？反正我手中還有賺到錢的案子，可以去「備抵」。光是這一點，就可以看出金融科班和非金融科班出身的人之間非常大的不同。

我剛到中華開發時，公司召開「授信投資審議會」時，整場會議就像是一場「秀」。召開會議時是使用內部最大的會議室，裡面至少有三、四十人以上，而每一個負責投資授信案的「ＡＯ」，在輪到他們報告時，就上台進行一場「秀」，只要現場比較資深的人沒說什麼話，案子就通過了。這就是當時開發內部的「授信投資審議會」。

但是，我覺得這樣的審查會議，授信案的真正內容根本就沒辦法進行實質審查。首先，開這樣的會議，根本不需要所有的部門主管全數都到，只要業務真正相關的主管，如投資處、授信處、調查研究處等這幾個部門主管參加就好。最重要的，還是對於授信案本身進行的實質討論，要讓大家能夠提問，這樣的會議，才能真正發揮審查的功能。然而，當會議裡同時擠了三、四十人，會議中鬧哄哄，又要如何進行實質討論？何況所有人都擠在會議室裡，又有誰願意起身發言，就實質問題提問？所以，召開「授信投資審議會」的方式，本身就是一個問題所在。

可以說，我之所以後來會和劉泰英公開決裂，就是從這些基本認知上的歧異開始的。劉泰英覺得，他是中華開發的董事長，有權決定一宗授信案應否通過，只要他覺得案子可以通過，就准；不許過關的，就不准。他並不了解，一個授信案能否核准通過，其實是需要許多幕僚事前做很多功課，必須把每一個數字、每項細節都搞得非常清楚，大家在審查會中交換意見時才能做出決定。

堅持公司治理原則，力阻劉泰英的人事案和投資案

大凡做決策的人，只看一個方向，但細節一定要有人事前做好嚴格把關，而不

是一個做決策的人說了算，但這不是劉泰英的想法。銀行出身的人，一看到「授信投資審議會」是這樣子開會，就知道遲早一定會出紕漏，可是他完全不懂。

到後來，只要有一些案子他想做，而我們覺得不妥的，他就認為一定是我在背後搗蛋，我在找麻煩。但事實上是他不了解，舉凡授信、投資，每一個案子，都必須經過銀行內部很嚴謹的流程把關。

他這個人非常大而化之，很多事情他雖然不清楚，卻很敢做決策，而整個決策過程又十分不謹慎。我當時雖然年輕，但卻知道，做為一家大型金融機構的決策者，用人一定要十分小心，而且盡量避免任用自家人，或關係太密切的人，例如，自己的親戚。這應該是一個常識。

劉泰英做了中華開發董事長後，他的一個晚輩，就跟劉泰英說，他想到開發來工作。這個人原本是學電腦資訊的，基本上，對於投資沒有任何實務經驗，劉泰英把他晚輩的履歷交給我，要我處理，我就找這位先生來談。

我跟他說：「你的家族長輩在這邊當董事長，你覺得你來這邊工作，會不會給你未來的上級長官帶來壓力，這樣合適嗎？何況，你目前完全沒有金融實務的經驗。」接著我跟他說：「這樣，我們開發目前在外面有很多投資事業，有很多地方，是用得著你的專長的。我來找找看，我們的投資事業中有沒有哪家公司，可以用得上你的專長，讓你可以在能夠發揮專長的地方工作。」

這個想法，劉泰英的晚輩完全不能接受，而劉泰英也因此對我非常不滿。這就是我剛到中華開發，和劉泰英互動不佳的開始。

身為開發的董事長，劉泰英卻搞不清楚他自己的角色是什麼。那個時候，因為國民黨投資事業還是在中央財務委員會（簡稱「財委會」）管轄之下，縱使當時他心裡有些不滿，但因為上面還有個財委會，還不敢採取大動作。到後來就不一樣了。國民黨把原先財委會下轄黨營事業的職掌重新劃分，分開為財委會及黨營事業管理委員會兩個單位，而劉泰英自己又身兼黨管會主委，從此就變成沒有上級節制他，更加為所欲為。

例如，當時一位企業家，也是劉泰英的學生，帶著劉泰英到深圳，計劃投資一個大陸人造衛星項目，劉泰英想要參與投資，但不想讓我知道。於是他帶著當時的副總李鎮海，出差到深圳考察。回台灣之後，他在內部都完全沒有提，直到常董會前一天，我才得知他要將這個投資案直接提到常董會去討論。

這種事情，現在聽起來不可思議，但當時劉泰英就很敢這麼做，他可能想，如果投資案讓我知道了，我可能會有不同意見。若干年後，我進入電信產業，對投資人造衛星也有接觸。而即使是二十年後，投資人造衛星仍有相當大的風險。在九〇年代初期，風險當然更高。

開會當天，常董會有人問劉泰英：「這個投資案有沒有事先問過陸委會啊？」劉泰英說：「沒有。」常董會中有人就提醒：「這不太好吧！是不是應該先去問過陸委會。」既然常董會有人持保留意見，劉泰英沒有辦法，投資案就只好先撤下來。投資部的同仁接著就正式行文給陸委會，徵詢對中華開發參與陸資主導的人造衛星投資案的意見，陸委會持反對的立場。當投資部在開發內部例行的幹部會議中，報告陸委會的答覆時，劉泰英聽了，當場說了一句：「陸委會笨蛋！」由此可以看出，劉泰英對於別人的專業和立場，毫無尊重可言。

從這個事件也可以看出，劉泰英個人的行事風格，與擔任一家大型金融機構負責人所需的「嚴謹」與「紀律」，完全背道而馳。我離職之後，整個局面可說是完全失控了。

大喬機械投資案

中華開發在江萬齡主政之後，整個公司的企業文化發生劇變。江萬齡由一個學者搖身一變成為金融機構領導人，看什麼都不順眼，在沒有深入了解前就急著發動全面的變革。江萬齡沒有金融背景，自然也沒有班底可用。他引進開發的所謂「人才」皆是他的故舊門生，例如，他言聽計從的顧問李鎮海，是他旅居美國時期的隔門鄰居；從聲寶跳槽過來的授信處陳處長是他當企研所教授時的學生；從顧問公司轉到開發的投資處趙處長，是他從事企業經營顧問時期的舊識。這些人也許辦事有他的能力，但他們從來沒有在金融機構待過，不具備相關的專業素養。就一個金融機構的用人來看，這是一種非常危險的做法。金融機構的治理，首重風險管理，分層負責的運作非常重要，因為金融業務的細節繁複，每一個環節都要有人把關，在上位的人不可能管到每一個細節，必須倚賴各層主管。如主管的專業能力不足，凡事聽命於上意，就失去了應有的功能，有心人士就有機會乘虛而入。

字典裡沒有「關說」二字

中華開發是一家曾經寫下輝煌歷史的金融機構，可惜由於父親的英年早逝，繼任者沈琰沒有在企業領導傳承上多所著力。到了江萬齡時期，因他的強勢作風，公司的文化逐漸走向官大學問大的氛圍。一個金融機構承做投資案時，如果經辦業務的部門主管不能發揮把關的功能，凡事揣摩上意，發生虧損的機率必然升高。大喬機械投資案就是一個典型的案例。

大喬機械案是我到中華開發後，最先接觸的幾個投資案之一。早在一九九二年六月，也就是我接手開發總經理之前的兩個月，大喬案就已經發動了。

事實上，我在一九八一年出任美國摩根銀行台北分行業務部經理時，台灣中部地區所有重要精密機械廠的客戶，我全部都去拜訪過，包括楊鐵、台中精機、永進等等，這些統統都是我的客戶。我看過很多機械廠，雖稱不上是這一行的專家，不過，對於台灣的工具母機生產製造產業的水平，以及他們在市場上各自的規模占比，是相當清楚的。所以，當我第一次看到開發投資處同仁呈上來的大喬機械投資評估報告，心裡就已經清楚知道，這個投資案是不能做的。

當時開發調研處對大喬案的投資評估也不怎麼正面，因此該投資案在開發內部不斷被質疑。於是，就有一位所謂「中華開發的前職員」王先生前來關說。這位王先生先拜訪了劉泰英，劉泰英就下字條給當時開發投資處趙姓處長，表示大喬機械案「由本公司前職員王〇〇等介紹，屬精密機械，要求本公司投資五千萬元至一億元，請投資處惠予研辦。」後來，王先生也跑來我的辦公室，倚老賣老，一開場就端出了中華開發第一任董事長、人稱「林四爺」的林柏壽先生的名號。

王先生曾跟隨林柏壽，林柏壽擔任台泥董事長時期，王先生的確當過他的祕書，但並非是林柏壽身邊具有真正影響力的人。林柏壽在中華開發董事長職務上做了二十一年，與我父親相處頗融洽，我很清楚林董事長的作風是「無為而治」。因為開發向來是「總經理制」，所有開發的事務全都交由我父親治理，因此，即使王先生打著林董事長的旗號前來，我一樣沒有放水。對大喬機械投資評估案，並不因為王先生的來訪而有任何影響，我一樣盯得非常緊，但是劉泰英完全不同，他都是直接下條子，大剌剌的直接指示。

一九九二年六月，當劉泰英為大喬案，第一次給投資處趙姓處長下達「請惠予研辦」的字條，趙處長立即找一位江姓承辦人員，要求快馬加鞭完成初步「大喬機械評估意見」報告，後面還附上四張清單，其中最後一頁「主要競爭廠商年產量」的附表，將大喬產能偏低和競爭力不足的事實，暴露得一覽無遺。

當時還是江萬齡主政時期，這樣的評估報告，在開發內部的授信投資審議會中當然沒能通過，第一次就被擱置下來。三個月後，也就是一九九二年九月（我接任後一個月），劉泰英為大喬案又再度下字條，而且這次是給擔任總經理的我。字條的文字很直接：「大喬投資案可否納入十月六日常董會，請研辦。」這張字條，等於是越過授信投資審議會，把授投會已經刷掉的案子，不再經過授投會審查，而直接排進了常董會。字裡行間，劉泰英還補了一句，這案子他已與趙姓處長談過。果不其然，幾天後，投資處江姓承辦員趕緊又出了第二次的大喬案簽呈，將原先擱置該案的理由——大喬機械年產量偏低，歸因於「機械工業成長趨緩」，因此中華開發不僅會再度處理，而且是直接上呈常董會。

然而，三天後，江姓承辦員又為同一案再上另一份簽呈，只是內文大不相同，改口強調大喬案仍將先送授信投資審議會③，而不是常董會，因為那樣不符程序。

而且，原先劉泰英的字條要求評估投資大喬五千萬到一億元的金額，一下子砍為兩千五百萬元，以此應付了事的意味頗為濃厚。

短短三天，同一個承辦人在同一個投資案，會有這樣的大轉變，關鍵在於我向江姓承辦員說：「如果你覺得這個案子真的可以做，就應該在簽呈當中，寫出具體而確實的理由，說明為什麼可以做，不要含糊其辭。還有，這件案子現在打算跳過授投會，直接送常董會，不知過去是否有這樣的前例？如果有，應該寫出來；如果沒有，也應該寫清楚，告訴上級這樣不合適。切勿揣摩上意辦事，反而陷上級於不義。」

而且，江姓承辦員在這次簽呈中特別點出了一句話：「為期兼顧本公司開發金融使命及投資風險」，意思是說，為了中華開發的金融使命，這個大喬案還是做了，但為了顧及風險，把投資金額砍為兩千五百萬元。

注③：查自《奇案現形記》，商智文化出版。

雖然當時我到中華開發不過兩個月，就發現開發內部有這個奇怪的用語：如果某個投資案或貸款案，投資對象或貸款對象經營本質有問題，而中華開發又傾向於不顧實情，執意投資或貸款，就會簽一個理由，叫做「兼顧本公司開發金融使命」，好像中華開發有了「開發金融使命」這個大帽子，對什麼樣的公司都可以投資、貸款，大筆資金丟進去，成為拿不回來的壞帳，注定非得做賠錢的生意不可。

一樁大喬投資案，能夠讓中華開發的董事長一再親自下字條，甚至打算強渡關山，越過授投會的審查把關，直送常董會，投資案幕後主導者的無所不用其極，令人側目。

退回賄款，拍照存證

當王先生到我辦公室關說卻沒有下文，之後就不斷打電話到辦公室給祕書，這回目的是要打聽我的住家地址。即便我再三告訴祕書，絕對不可以把我的住家地址外洩，但王先生終究還是四處打聽到了。我還記得，那天我下班回家，突然收到一份包裹很精細的禮物，直覺裡面有文章，當場並沒有打開。隔天，我帶著這包禮物到中華開發上班，並找同事作證，一起打開這包禮物。禮物包裝了幾樣東西：首先是一大疊鈔票，全是千元大鈔，約有二十萬元之譜。其次，是名貴的西裝料；還有價值上萬元的華特曼（Waterman）名貴鋼筆。和同事共同打開禮物之前，我也有備而來。預先已準備了拍立得照相機，當場把各色禮物拍照存證。拍完照片，我又將禮物重新包裝，恢復原狀，透過一位與王先生熟識的資深同仁，將禮物整包送回去，明白告訴對方，我不收這份禮物。這批拍立得照片中，就屬這二十萬現鈔照片最壯觀，一大堆千元大鈔被整整齊齊排列成扇形，拍下一幀幀照片留存。

事情到此還沒結束，更精采的故事還在後頭。

過完年，公司剛開工，劉泰英找我到他的辦公室，說：「這幾天過年，有人送禮來，這一包禮物不知道是誰送的，打開來看，裡面有一包現款，我把它拿來當紅包，分給大家。這裡面有兩萬元，你可以拿去。」

「董事長，這種錢不可以拿，應該退回去。」我說。

「不知道誰送的，沒法子退。」劉泰英說。

「可以拿去捐掉。」我這樣回答。

「你不要管了，你就拿去吧！」劉泰英很堅持的說。

那時，我到中華開發不過才半年，為維持董事長、總經理之間的和諧，當場也只好收下，一回到總經理辦公室，立即就請祕書把這兩萬元捐給「財團法人台灣省私立中華民國兒童福利基金會」。為避免日後仍橫生枝節，我還特地保留郵政劃撥單和兒童福利基金會接受捐款這兩種收據，不論收據金額、受款人帳號、郵政劃撥日期都標示得清清楚楚，至於兒福基金會的收據上，不只有帳號地址，就連我這位捐款人的姓名、地址、捐款金額，都一一羅列。

既然董事長已親自下條子，投資處後來也做出樂觀的「新」評估，中華開發在一九九二年十月間，終究還是對大喬機械的增資案撥款入資。然而，不過短短九十天，大喬機械就因周轉不靈而倒閉了！開發投入的兩千五百萬元資金全部損失！一九九三年元月，開發投資處又再上了一份大喬案的簽呈，主旨在報告大喬向開發申請的現金增資，並非用在原先所聲稱擴建新廠或償還銀行貸款，而竟是拿來償還大喬的「股東墊款」及「民間（員工眷屬）借款」共約三千多萬元，等於是拿了開發大筆現金，去幫大喬的大股東和員工解套。

儘管事後我曾要求投資處確實檢討評估過程有無疏失，然而，我心裡當然也很清楚，投資處再怎麼檢討，也無法挽回當初的錯誤。然而，當時我完全沒料到，大喬投資案只不過是一個開始，和日後接二連三的烏龍投資案相較，大喬機械案還真是小巫見大巫了！

建達食品授信案

建達食品案是我在開發任職期間所看到最離譜的授信案。此案的事主不是他人，正是我十年前在摩根銀行工作時，差點就讓我們吃倒帳的大輝貿易公司董事長謝文欽。大輝貿易是偉成食品集團旗下的公司，當年政府倡導民間設立大貿易商，給予種種獎勵措施。偉成集團在此背景下設立大輝貿易，中國農民銀行也參加投資。後因經營不善而發生財務危機，當大輝周轉不靈時總共積欠了十二家公營行庫二十餘億元貸款，這些債務全數成了呆帳。自此，謝老闆在銀行圈可以說是信用掃地，想要再度跟銀行建立授信額度，可以說是難如登天。我對偉成集團有些了解，是因為摩根銀行也曾以「客票融資」④的方式對大輝授信，偉成爆發財務危機時，我們赫然發現，手中的客票竟然有部分是大輝盜用客戶做為擔保票的假客票，若不是我們授信時要求較多的客票擔保品，差點就發生呆帳損失。謝老闆這種近乎詐欺的惡劣行徑，在我腦海中留下很深的印象。

謝文欽知道偉成集團已經信用破產，因此想改頭換面，設立一家稱為建達食品的新公司，由在偉成集團當顧問多年的許建裕先生出面擔任負責人，向開發申請七億元中長期貸款，購買偉成在高屏地區的舊廠房及增購新機器設備，向冷藏豬肉外銷進軍。當我看到這個申貸人建達食品的負責人是許建裕時，而且全公司員工人數才八個人，我不動聲色，但心中暗自好笑。

我為何覺得好笑？因為許先生是住在我樓下的鄰居，我們相識多年，關係友好。許先生曾經在農復會任職，是農經界的老前輩，跟我父親也是舊識。早年時，李登輝總統、台銀董事長許遠東及台北市市長黃大洲等人都曾在他手下工作。許先生當時年事已高（八十八歲），雖然身體還稱健朗，但已不可能參與公司的經營。明眼人一看就知道借款人是人頭，必定有人隱身幕後，究竟是誰答案自然也就呼之

注④：買賣交易後，與客戶收取回來的支票俗稱「客票」。所謂「客票融資」，指因票期時間過長，未到期前用客票做借貸融資，可增加公司資金周轉率，亦可降低成本。

欲出。然而，建達食品的徵信報告中沒有列出某些重要的資訊，例如建達食品的辦公場所與偉成是同一個地點，建達在申貸前才改選董監事，改選前的董監事有半數具有濃厚的偉成色彩等等，因此，我把徵信報告退回調查研究處重新做過，同時口頭告訴調研處處長我退回的理由。

用魄力和智慧擋下關說

由於此授信案已排入一週後即將舉行的授信投資審議會議程，調查研究處要在幾天內趕出新的報告在時間上壓力很大，只見調查研究處處長面帶愁容的步出我的辦公室。過了幾天，調查研究處趕出了新的報告，但仍然是官樣文章，並未詳實表述。我再次退回徵信報告，同時嚴肅正告調查研究處處長，如果仍未見改善，我就將案子移送中華徵信所辦理徵信。這句話講得很重，表明我嚴重懷疑調研處的專業有問題。這兩次退件讓授信處急得跳腳，因為這個案子是劉董事長交辦的。此時公司裡有耳語傳出，調研處處長對我的嚴重質疑感覺委屈，因為有上級長官中途攔截，要求他把報告中對借款人不利的資訊全部刪去。由於徵信報告趕不出來，建達食品案的審議只有順延至下次召開的審議會，也就是再過兩週。

當劉泰英得知該案未能排入審議會議程，他終於自己出面了，要求我為建達食品加開一次授信投資審議會。董事長既然開了口，我只能尊重。於是在幾天後再度召開審議會。開會的前一、兩天，我緊盯徵信報告進度，不再讓公司其他人有插手干預的機會，並且要求最新一版的報告必須附上實際看廠的紀錄，這份徵信報告一直到開會前夜才完成。第二天早晨開會時，當我走進會議室，看到調查研究處的同仁正忙於把剛剛影印好的報告分發給與會人員，紙張還是溫熱的，是名副其實剛出爐的報告。這份報告的內容中，有許多就公司經營能力而言極具爭議性的內容，包括生產設備老舊、原料來源不穩定，以及缺乏經營團隊等等，自然就引發與會人員熱烈的討論。

會議上，我當場就問大家，這個案子該怎麼處理？「一個八十八歲的老人，董事長兼總經理，帶著一個八人公司可以有所作為嗎？說是要做毛豬外銷、冷藏豬肉外銷，做得成嗎？」一連串問題，會議上議論紛紛。擺在眼前鐵錚錚的事實是，中華開發把七億元貸給這樣的公司，不僅營運條件不佳，貸款用途不明確，未來償債能力更令人擔憂。就我過去的經驗，這樣的案子若是在其他銀行提出，徵信報告送到審查單位後，根本排不上議程，因為負責授信審查的人員早就擋關了。

根據我側面了解，調查報告裡面提到的廠房土地，其實早已設定給偉成食品破產時的債權銀行，經多年債權整理，終於可以拍賣。而偉成謝家的盤算是，因為當時土地漲價了，希望靠土地增值部分除償還原債權銀行，還能拿回一筆錢。這才是偉成謝家透過建達食品，向中華開發借七億元貸款的主因。但開發不做土地抵押貸款，而是要做生產貸款，所以建達食品就提出這麼一個七億元生產貸款的申請。

儘管這項貸款案有一連串疑問，會議中，授信處主管還是認為，這個貸款案可以做，此時會議中有一位持反對意見的處長舉手表示，如果通過此案未來如成為呆帳，贊成通過的委員必須負責。他本人無法承擔這樣的法律責任。因此他要求此案必須記名表決，記錄每一個與會者贊成或反對。一時間，原本熱烈討論的會議氣氛瞬間為之低盪。有意思的是，一開始還有人認為這件貸款案可以做，可是一旦付諸記名表決，卻沒有人敢舉手。就這樣，建達食品七億元貸款案被授信投資審議會封殺，最後沒有通過。沒有通過的會議紀錄，呈送董事長室時，劉泰英的不悅可想而知。

當天晚上，我從開發下班回家，特別下樓探望在建達食品掛名董事長的許建裕老先生，向他解釋中華開發最後否決建達食品七億貸款案的原因。我們不僅是樓上樓下多年老鄰居，許建裕更與我父親是舊識，是我敬重的長輩。他表示，畢竟年歲已大，在建達他並不太管事，有個辦公室與同事聊天，打發時間，日子比較好過，若七億元貸款沒通過，他能諒解。

不久之後，我因為另一樁凌翼公司貸款案，與劉泰英不和正式鬧上檯面，許老先生知道後，還特別來安慰我，說：「令尊當年的朋友，目前在朝中還有影響力的，只有ＹＳ了，你應該去看看ＹＳ，否則就這樣離開中華開發，實在太委屈了。」所謂YS，是當時總統府祕書長蔣彥士英文名字的縮寫，他關愛後輩之心，溢於言表。這是建達食品案之後的一段插曲。

—內神通外鬼的凌翼案—

凌翼案是我就任開發總經理之後，頭一個引起我高度關注的投資失敗案，也是我在開發所看到最詭異的投資案，整個投資決策過程有許多不合常理的地方，投資損失金額高達一億七千萬元。但是，當我要追究責任時又找不到關鍵的資料文件，經辦人員及主管應對我提出的質疑時，責任都往前任總經理身上推，但是也無法提出任何書面證據顯示如此，讓我心裡充滿疑問。因此雖然一時遇到困難，也沒有放棄繼續追查此案。

我到任的第一週，就接到檢舉凌翼案的黑函，雖然發函者沒有具名，但其中內容具體，引起我對此案的注意。當我調閱全案卷宗時，卻發覺其中的資料貧乏，看不出來當初的決策過程，讓我更起疑惑。幾週後，有一天跟調查研究處處長張忠本聊起我對凌翼案的困惑時，他擺出一副神祕狀，然後說：「總經理真的覺得無法查出真相嗎？」過了兩天，一疊跟凌翼相關的資料突然出現在我辦公桌上，這些資料從未在卷宗裡出現過，卻解答了我心中不少疑問，對我而言是案情的重大突破。這些資料顯示，全案的肇因出於投資處趙姓處長涉嫌內外勾結，人謀不臧，我終於找到著力點。

存檔的卷宗內容貧乏，也顯示了公司內有高階主管為此案暗中護航，所以我過去才看不到這些資料。因此，我決定啟動祕密調查，以免打草驚蛇。調查的第一個重點就是側面了解趙處長的私人財務狀況。我費了不少功夫，甚至動用了私人關係，打聽出來趙處長的銀行帳戶常有大額支票存入。於是我私下約談趙處長的行政助理，這位同事提供了許多有用的訊息，最重要的資訊就是，趙處長曾經多次接受某顧問公司以支票形式給付的款項，甚至拿出來一張由該顧問公司開給趙處長的支票影本佐證，這張支票的日期是一九九〇年五月四日，金額是一百萬一千餘元。看到這張支票影本，我知道我們已經握有最有力的證據，未來如能沿著這條線索查辦下去，必定能查出更多案情。我於是邀請公司的查帳會計師及法律顧問，組成專案小組，展開祕密調查。

多方蒐集證據，遇上政治運作也不鬆手

我先簡單描述一下凌翼投資案。凌翼是一家生產電腦周邊設備的公司，開發在一九九〇年六月撥款一億五千萬元，自該公司大股東手中購買三百萬股老股，每股五十元。通常如果是以溢價購買老股的方式進行投資，必然是認為這家公司的營運及獲利狀況良好，並且前景看好。次年十月，開發再以現金增資方式，撥款兩千萬元購買凌翼發行之新股。第二次撥款後不到半年，凌翼竟然因財務周轉出了問題而

停業。幾個月後，公司已是人去樓空，形同倒閉。投資有輸有贏是我能夠了解的，但是從第一次撥款到公司倒閉只有不到兩年的時間，實在有些不尋常。經過稽核人員的調查，發現凌翼倒閉的原因疑似負責人掏空公司。為何投資處未能及時察覺公司有異狀？投資處當初的決策過程是否有重大缺失？投資處的管理機制是否出了問題，是我急著要了解的事。

首先，以購買老股取得股權，應是基於公司前景看好。當初下此結論的依據為何？資料顯示，當初投資處根據凌翼自行結帳的財務數字，以高於帳面淨值一倍的價格收購老股。這個購入價格的訂定已有可議之處，更何況在交易完成不久，會計師的查核報告出爐。查核報告顯示，凌翼的每股帳面實際淨值遠低於自行結帳的每股二十五元，亦即凌翼提出的財報大幅虛增盈餘，完全失真。投資處為何要趕在會計師查核結果出爐之前幾天完成交易，是第一件必須追究的事。

再者，調查發現，凌翼大股東於出售老股半年不到的時間，以美元一百餘萬之現金對價，併購一家淨值已是負數的美國公司，這家美國公司的大股東正是凌翼的大股東，明顯是圖利自己的行為，投資處為何同意如此離譜的交易？是否曾取得高層的核准？

第三，開發首次完成交易後，凌翼數日內即與保富管理顧問公司簽署顧問合約，隨即匯出新台幣五百餘萬元至保富帳戶，而投資處趙處長所接受的支票正是來自於保富。趙處長與保富究竟是什麼關係？趙處長是否涉及不當財務所得之嚴重違紀？有待進一步調查釐清。

由我與公司法律顧問、會計師加上內部稽核組成的調查小組，發現前三個問題的答案，都把矛頭指向趙處長本人，調查顯示趙處長與凌翼大股東閔君從往甚密，關係匪淺。公司調查研究處曾經就第一點提出強烈反對意見，但投資處並未理會。凌翼會計師查核結果出爐後，投資處也並無任何行動。趙處長聲稱曾取得前任總經理⑤同意第二點之併購，但無法提出任何書面資料佐證。同時調查中有同仁表示，江總對凌翼案頗有微詞。前後比對證詞之後，顯示趙處長之託辭不足採信。至於第三點，我有支票影本為證，同時有同仁在調查中表示，趙處長曾經多次收受保富的支票。我處事向來謹慎，因在啟動調查前，我感覺劉泰英誤以為我對凌翼案有偏見，因此特地邀請劉所信任的法律顧問廖律師全程參與調查小組，廖律師也完全同意小組所得到的結論。這個調查報告的內容高度敏感，任何具有金融實務經驗的人若是看到報告，都知道此案情節重大，很難善了。

劉泰英雖想大事化小、小事化無，但我相信事情不會就這樣被掩蓋過去。為避免跟他為此直接衝突，我必須引進外力來形成壓力，最有效的外力就是主管機關財政部金融局。於是我等劉泰英出國時，將調查報告以公函呈報金融局。由於這個公函事關重大，我親自把函稿送到代行董事長職務的白培英董事長辦公室。白董事長看了函稿之後，沉吟了一會兒，說了一句：「他過去在財政部時不是這個樣子。」就在公文上簽字。通常主管機關看到如此勁爆的調查報告，必然有大動作。不料，公函發出後有如石沉大海，沒有任何反應。我側面打探，得知承辦人員竟然以該案

注⑤：指前總經理江萬齡。

已多次呈報，逕行存查了事。為何承辦人員如此處置，我不得而知，但極有可能是政治力運作的結果。我還是不死心，透過關係讓相關的官員了解，終於盼來了金融局的回函，要求中華開發呈報後續處理情形。這個公函給了我採取行動的正當性。

但當我將調查報告以簽呈方式送呈劉董事長核閱，擬議追究趙處長的行政及法律責任時，劉泰英竟然在簽呈上批示：「請廖律師就涉案各點請趙處長答覆，並以客觀超然立場，簽署意見後再議。」換言之，劉認為過去的調查欠缺客觀超然立場。看到這種批示，我已可預見劉泰英有朝一日將狼狽下台。天網恢恢，一年之後，檢察官將趙姓處長提起公訴，劉泰英才將趙姓處長停職，經過約一年左右的訴訟，趙姓處長也因此案涉及利益輸送，遭台北地方法院判處一年徒刑⑥。

為金融紀律不惜賠上總經理之位

凌翼投資案其實發生在劉泰英到任之前，為什麼他要執意維護當初犯錯的人？

邏輯上似乎有點說不通，依我的看法，開發的某些幹部結合成一個共同利益團體，當初江萬齡是他們最大的遮蔽傘，江去職後李鎮海暫時成了老大，但李自知力量有限，因此極力向劉泰英輸誠，保證向劉泰英效忠。劉泰英沒有班底，因此樂於收編這個小團體。我相信李鎮海必然在此案扮演關鍵說客，說服了劉泰英從輕發落。劉泰英也為了要展現公司裡的事只有他說了算，不惜代價，睜眼說瞎話。加上他不熟悉金融產業的環境，才會如此獨斷獨行。劉泰英視我為眼中釘，欲拔之而後快。殊不知，真正害死他的人是圍繞在他身邊的那群人，這也是他咎由自取。

我所以會堅持查辦到底的立場，不是在賭氣，更不是搞鬥爭，而是我深知金融紀律對一個金融機構的重要性，一個沒有紀律的金融機構必然會走向衰敗。因此，我只要還在總經理的位子上，就沒有和稀泥的空間，這是最低限度的道德勇氣，當時劉泰英權傾一時，沒有人得罪得起。其實我對官場生態並不是不了解，也當然明

注⑥：民國八十四年三月四日，《聯合報》報導如下：中華開發信託投資公司利益輸送案，台北地方法院認定凌翼公司負責人閔志強與中華開發公司前投資處長趙寶衡間有利益輸送情事，昨天分別將閔志強判處一年八個月徒刑，趙寶衡一年徒刑。

白其中利害關係，但我相信社會仍有公義，我只要行得正，即便可能賠上總經理的位子，我也不該改變立場。我的堅持確實觸怒了劉泰英，數日之後，在一個週六接近中午的時刻，他把我找去談話，正式告知我即將於下週常務董事會提案調整我的職務。對於這一天的來臨，我不能說全無心理準備，但真正必須面對時，心中仍是忿忿不平。

放下執念，不為做惡的心懷不平

當時我們還是在週六上半天班的時代，那個週六中午下班回到家，我腦中一片混亂，想要去找徐立德，但他奉派擔任總統特使去了南美洲，還要好些天才會返國。週末期間，我不方便去打擾其他人。於是，我決定將這事暫時擱下，照日常的行程去教會參加唱詩班的練習，次日早晨我站在唱詩班的行列中，在教會台上獻唱，那天我們唱的是一首耳熟能詳的曲子。唱著唱著，我突然覺得好像有一股暖流自頭頂降下，同時有感動到哭的衝動，我的第一反應是問自己怎麼了，但不到一分鐘我就明白發生了什麼事。我知道這是上帝給我的溫暖擁抱，彷彿在跟我說：「孩子，你的委屈我都知道。」我強忍著眼淚，心中充滿了神的愛帶來的感動。我自中學起就受洗成為基督徒，在認知上，我相信上帝無所不在。但這是我生平第一次經歷到上帝就在我的身邊，在我內心最孤單的時刻，上帝用祂的愛帶給我無比的安慰與勇氣。這段短短的經歷卻是我人生中非常重要的時刻，我心裡不再徬徨，決定要訴諸社會公評。

由於劉泰英將於幾天後的常務董事會中提出我的人事異動案，我展開對幾位常董分別的拜訪，這幾位常董進入董事會的時間都不長，跟我也不是很熟，但我鼓起勇氣分別說明我的立場。其中兩位來自金融機構的常董，一位希望我息事寧人，另一位則勸我，當下的政治環境，我面臨的不是是非題，而是選擇題，找個台階下比較現實。但他們也同意我主張的常董會無權核准總經理人事案，公司必須依照公司法的規定正式召開董事會。有了這個共識，我爭取到了差不多兩週的時間，陸續展開我的抗爭行動。

我的抗爭行動是以揭弊為核心，讓外界知道劉泰英許多具爭議性的行為。當時的媒體不若今日的媒體那麼嗜血，刊登有關當權者的報導或評論都十分謹慎。即便如此，多家媒體對於我可能異動的傳聞仍然有高度興趣。當時我的手邊有不少劉泰英鬧笑話的資料，因此在離職前一、兩週，我每天晚上八點時必定在家中守著電話，也必然有好幾位記者打電話來探聽是否有新的消息，希望我有新的爆料。當時報上天天有開發的報導，對劉泰英自然形成壓力。最後劉泰英受夠了，在一個週六晚上親自到徐立德家中拜訪，央求他出面協調。

徐立德的出面讓我進退失據。我雖然覺得他不該插手，但他畢竟是提拔我的長官，而我是一個尊重倫理的人，他的來電頓時讓我陷於長考。徐立德跟我說：「你不要再抗爭下去了，你有什麼條件儘管告訴我，我來設法，你好好想一天，週一早晨到行政院我的辦公室詳談。」

次日早晨，我晨起禱告尋求上帝給我智慧。打開《聖經》讀到舊約詩篇第三十七篇：「不要為做惡的心懷不平」，心裡有很深的感動，覺得這是特別為我預備的一句話。我打電話給一直都為我禱告的好朋友，請他讀詩篇三十七篇。他在電話中說他當天早晨為我祈禱時讀的剛好是同一處《聖經》，也覺得是上帝要給我的話。我接著去教會參加聚會，碰到唱詩班的汪老師。汪老師邀請我在聚會結束後參加一堂她教授的中古聖詩課，我未加思索就答應了。那堂課教的聖詩歌詞剛好也來自詩篇三十七篇，下課時汪老師跟我說：「孝威，這首詩歌是送給你的。」她這句不經意的話卻對我大有意義，上帝就在那個關鍵的早晨連續三次提點我：「不要為做惡的心懷不平」，我的心情頓時平靜下來了，我不再繼續思索次日要開什麼條件來扳回一城，我知道我該把眼光放遠，爭千秋而不爭一時，此刻我應該完全放下。

次日早晨，我到了行政院副院長室向徐立德先生報告我願意在沒有任何條件下離開中華開發。徐先生說，既然我沒有開條件，那就聽他的安排，與胡定吾（內定為我的繼任人選，時任中華投信董事長）對調職務，讓這次人事異動單純化，也希望我的抗爭就此中止。一九九三年九月二十九日，中秋節的前一天，中華開發召開董事會，通過更換總經理的議案，由胡定吾接任。

總而言之，這場人事風波就此平息。就我而言，我在意的不是失去了開發總經理的光環，我當時年方四十二歲，有十足的信心可以找到另一個理想的工作。然而，中華開發畢竟是我父親創辦的公司，我和家人對中華開發都有很深的情感，我的心中有一股很深的失落感，因為我失去了重振中華開發昔日光輝的機會。失去這個機會，才是我心中的遺憾。

—為中華開發的公司治理鋪路—

中華開發的問題到底出在哪？我感覺問題的核心在它的公司治理。一個企業的公司治理能否發揮功能，最基本的條件就是掌握經營權的大股東是否有這方面的認知及施行的意願。多年來，我不曾見過有哪家公司能在大股東不支持的情況下做好公司治理的。大股東願意支持，董事會才能在一個客觀超然的氛圍下議事，就不會淪為橡皮圖章。

早年開發的董事會成員，皆是社會上有聲望的金融界或企業界領袖。但公司股東結構經過二、三十年後有很大的改變，市場散戶持股比例大增，讓主事者有機會以收購委託書的方式影響，甚至操控董事會改選結果，引進投票部隊為自己護航。董事會一旦無法扮演監督經營團隊的角色，經營者就獨攬大權。所謂「權力使人腐化」就是最好的寫照。此外，我在前面章節所提的逢迎上意的文化，更加助長了這股歪風。

公司治理的另一個原則就是，股東的權益是平等的，大股東不得在經營決策或違反公司作業程序上，做出獨厚大股東或決策者本人的決定。如有可能涉及的情事，必須向董事會充分揭露，並且得到董事會的核准。江萬齡時代就已經逐漸揚棄這樣的想法，最後因此被迫離職。劉泰英接手後，更是變本加厲。

舉例而言，中華開發自創立以來，就是「總經理制」，亦即總經理是公司的執行長。劉泰英趕走江萬齡後，在未經董事會同意下就打破公司三十年的體制，以執行長的架勢下達指令，甚至在我到任初期，以我不具備常務董事身分為由，不讓我列席常董會，這些匪夷所思的事情，造成領導上的混亂，讓同仁無所適從，這是對經營影響較大的事。

影響較小的例子是，指示員工福利委員會，用年底結餘購買數百件進口夾克外套，致贈各同仁。提供夾克的供應商不是別人，正是與他當時從往甚密的「乾女兒」所開設的公司。福委會的錢是員工的福利金，按理應由同仁組成的福委會自行討論使用方式，但董事長連福利金都不放過，同仁也只能默默照辦。

既然連同仁的福利金都自認有權插手，在動用公司資源上，就更是肆無忌憚。中華開發是一家上市公司，每年的股東大會是一件大事，當時開發的股權非常分散，必須向持股散戶徵求委託書才能確保出席的股權比例超過法定門檻。如何處理徵求委託書，是一門學問，但有一個原則，就是不得動用公司資金購買委託書，以免觸犯法律。因此，各上市公司在處理這事時，都是小心翼翼。但劉泰英自認他什麼事都可以做，因此他把徵求委託書的事交給他的學生處理。事後下條子指示同仁以公司資金，約有數百萬元之譜，償還他學生墊付的款項。這是有違法之虞的行為，但是劉泰英毫不在意。

小查帳，大風波

我覺得這件事非同小可，最好能掌握事情的來龍去脈，以備萬一日後遭人質疑時，我能清楚說明。於是我暗中著手蒐集相關資料。最好的起點就是會計帳務，因為只要有資金支出，就一定要出帳。我當時聽說，這筆費用是用虛報辦公室裝潢費用的方式報銷，究竟詳情為何，我必須查個清楚。

一九九三年九月中下旬，劉泰英出國，我決定在這個時機發動突襲檢查。在此之前不久，中華開發為支付蒐購委託書所需，支付了五百多萬元現金的傳聞甚囂塵上，財務處的帳務，一定會有蛛絲馬跡。九月二十三日早上，我帶了兩個對帳務比較內行的同事，信步走到財務處去，要求財務處何姓處長把七、八兩個月的暫付款明細，給我看一下。

這位何姓處長當場嚇了一跳，沒想到我還有這一手。儘管公司內許多人都知道，我在中華開發也待不了多久了，但此時我畢竟還是總經理，總經理要看帳，財務處長不能公然拒絕。於是，何姓處長要我先在會議室裡稍坐，他要到存放帳簿的檔案室去調帳本。

然而，這一坐就坐了十幾、二十分鐘，一點動靜也沒有。我覺得奇怪，就走出會議室問人：「怎麼調個帳本要這麼久？」存放帳本的檔案室就在旁邊，這位處長怎麼還沒回來？於是，我往檔案室的方向走去，經過何姓處長辦公室前，就看到他辦公桌上攤了一大堆帳本，他正一邊忙著翻帳本，一邊打電話向人請示。至於這個時刻他正在向誰請示，我心裡有數。

何姓處長正忙著電話請示，焦頭爛額之際，猛一抬頭，發現此時的我正站在他的門外，當下慌得衝過來，呼的一聲把辦公室門扉給關上，並立即反鎖。

門反鎖上了，還有窗子。何姓處長辦公室的窗子，是一扇透明的玻璃窗，我從外面向裡面張望，看到此刻驚慌失措的何處長正忙著把幾份帳冊，放進他的保險櫃裡鎖了起來，當他發現我正透過玻璃窗看著他的一舉一動時，他又再度衝過來，「刷！」的一聲把窗簾拉上。

此時的我，決定不再保持禮貌、開始大力敲門，還帶上了吆喝聲，高聲質問何處長，把門關著躲在裡面幹什麼事情？要他趕快過來開門。這個大動作，驚動了中華開發上上下下的同仁，一堆人全都圍過來看熱鬧。

我繼續大聲敲門，一旁熱鬧的人卻噤聲不語，好像什麼事情都沒有發生一般。直到管理處有個主管拿了備用鑰匙來，才把辦公室的門打開。開門後，何姓處長全身發抖，非常緊張，還對拿鑰匙開門的同仁怒吼：「你給我記著！」

我走進他的辦公室後，把門關上，當場問他：「你為什麼要這樣做？你是不是很害怕？」這位約五十多歲的開發資深處長承認，自己很害怕，接著用手指指著我說：「你啊，你啊，你就是太年輕了，太不懂事了！」

當下，我心裡當然很清楚，剛剛宛如電視劇情的那一幕，上演的到底是哪一齣戲。我也沒有為難這位處長，只是很平靜的跟他說：「偽造帳目是違法的行為，你最好把自己保護好，你好自為之。」說完，就離開這間辦公室了。

雖然，當場沒有查到我需要的資料，但事後我設法了解了真相，得知我想查清楚的五百多萬元用來支付蒐購委託書的支出，其實當時還沒有報銷，仍然還掛在「暫付」帳目上，何姓處長大可不必緊張。但是他作賊心虛，當下也不知道我要看的究竟是哪一筆帳，情急之下，只好真人上演一場荒謬的「關門鎖帳本」鬧劇。

當時的屈辱成為證明日後清白的鐵證

接任中華開發總經理一段時日後，我就深深感到，在中華開發這麼多的投資案、授信案，中間都沒有一位夠資深的主管，能在第一線進行嚴格的把關，仔細研究授信投資風險所在，造成所有案子未經研究篩選，就直接送到我這裡來。儘管我帶去的幕僚也會協助我，但畢竟位階不高，即使發現案情內有蹊蹺，頂多只能追蹤後續，無法有相當的職權身分，跳上第一線來主動提出問題癥結。

結果最後還是得由我以總經理的身分出面提出質疑，直接與一群處長級的中階主管調資料、追問細節，我深覺不能這樣下去。雖然當時已有一位副總經理李鎮海，但我知道他不會是那位協助我做好授信投資案嚴格把關的人。因此，我一直希望能有一位副總等級、在開發內部具有一定分量的人，才能讓這類投資怪案，在送達我辦公室前，已先進行過濾、查驗，這才符合效率與基本流程。

我一直在尋覓合適的人，出任這個具有把關功能的副總經理職務。為物色人選，我接觸了許多人，好不容易找了之前我在交銀的舊部屬、當時已晉升至副總經理的黃豐一，卻依舊被劉泰英攔阻，認為中華開發內部就有很多優秀人才，無須再外求。

礙於和諧，我循著劉泰英的建議，先從開發內部尋覓我心目中合適的副總人選。好不容易終於在中華開發找到一位總稽核李大綬，他不僅從我父親的時代就已加入開發，具有近三十年資歷，專業度也夠，他還曾私下透過人向我表達，如果我相信他，絕對可以放心，因為他保證一定能將這份把關的工作做好。之前劉泰英想方設法，不讓我從外部找人來擔任這個功能特殊的副總經理工作，如今，我已從開發內部找到合適人選，劉泰英終於無話可說。

當決定拔升李大綬成為李鎮海之外的另一位副總經理後，第一件事就是分工。我將當時開發所有的業務範疇大致分為兩大部分，讓這兩位副總經理各具職司，各有分工，未來各部門必須先經由這兩位把關後，再把公文送達我這裡。於是，我就依總經理的職權，正式對開發內部發出一份公告，公布這兩位副總的分工領域。

公告發出還不到兩個小時，我就接到來自公司內部的電話。有人告訴我，劉泰英在我原先發出的公告上，直接畫了一個大叉，上面只寫了五個字：「此公告無效！」

不論之前是在交銀或大華證券，董事長若對於總經理的公告有意見，基本的處理模式，是董事長再出一份正式公告，上面應先標注第幾號的公告「暫停實施」，新的公告擇期另行公布等等。我相信，再不懂公文流程的人，也不致於到這種程度。劉泰英這麼做，其實就是要用畫大叉這種粗魯的方式來「霸凌」我，讓我難堪，最好是能讓我在一怒之下，跑去跟他大吵一頓，然後自動請辭走人。我想，這才是他背後真正的目的。

當時，我人正在外面開會，回到公司，我就去劉泰英的辦公室跟他說：「這件事你有意見，我不知道，那沒關係啊，我們就再重新做一次分工的規畫。」

我選擇沒有跟他爭吵，而事件就這麼平和的過去了。

說實話，我當下心中十分憤怒，他這樣的「手法」實在粗魯得難看，但是即使在這種情況下，我也不會上當，白目的去和他衝撞、落他口實，達到他希望我請辭的目的。我也知道，這樣的局面他一定很開心，能逞一時之快，而且完全達到重重羞辱我的目的。因為他在我發出的正式人事職務分工的公告上畫了個大叉，並寫上「此公告無效」這五個大字的影印本，他就印了數十份，不僅通發給中華開發內部所有各級主管，包括我的辦公桌上也領到這份影本文件。

為什麼我需要提這麼一個小故事呢？

幾年後，當劉泰英因涉及新瑞都案，檢查官不斷在蒐羅他各種違法事證時，追查到當年他請他的學生大量收購開發委託書的案件，發現其中有以公司資金數百萬元，償還他學生墊付款項的情事，但劉泰英竟向檢察官表示，動用開發數百萬元收購委託書一事，是由當時擔任總經理的我所主導，想要把他的罪行賴到我身上。

當檢察官以證人身分傳喚我出庭做證時，我才知道劉泰英居然將這種違法之事，推到我頭上來。當下我回覆檢察官兩個要點：首先，召開股東會是董事會的職責，因此是否需要收購委託書，是董事會的決策，並非由總經理決定；其次，當時的中華開發，任何事都是劉泰英一人說了算，我這位總經理，是沒有任何置喙餘地的。

檢察官追問，何以見得？我就把當年他將我發布的人事公告畫上大叉，同時寫上「此公告無效」五個大字的影印本，拿給檢察官看。最後這份文件，就成為檢察官認定劉泰英主導，以開發資金收購委託書的重要證據之一。

劉泰英當時一定沒料到，當年他為了逞一時之快，達到在開發內部公開羞辱我的目的，所影印給我收藏的影本，最後竟然成為檢察官研判案情，最有力的證據。

第六章

低谷徘徊：轉調中華投信，創辦和信電訊

有一天，我讀到《聖經》中一段話：「智慧人不要因他的智慧誇口，勇士不要因他的勇力誇口，財主不要因他的財物誇口。」讓我十分震撼。我回想到過去兩、三年的種種經歷，自信的我總認為憑著自己的能力就能創造成功，我看到其實這是我內心的驕傲，以致於我挫折連連、處處碰壁。我終於明白，我的未來不是掌握在自己的手中，而是有一個更大的力量。

—由局外人變關鍵人—

一九九三年九月底，我離開中華開發轉任中華投信董事長。中華投信是中華開發與幾家外資金融機構合資的事業，開發持股超過半數，有絕對的控制權。但主管機關設了一道防火牆，禁止開發的董事或經理人兼任中華投信的董事或經理人。因此，中華投信的董事會享有一定程度的經營自主權。我轉任中華投信董事長，是一個妥協的結果。

攪亂劉泰英的棋局

當時劉泰英的意思是要我回到大華證券擔任董事長，但我一年多前煞費苦心才說服宋學仁接下大華總經理，一年後我又回去插手他的領導，實在是說不過去。更何況，大華證券中有位大股東不是那麼友善，他與劉泰英掌控的中央投資持股合起來超過五成，隨時可以對我發動攻勢，我又何必去自尋煩惱。因此，我不願接受這樣的人事安排。

雖然劉泰英對此事十分堅持，然而他忘了一件事，就是我必須簽署願任同意書才能擔任董事長，只要我表明不願簽字，他的權力再大也沒有用，因此形成僵局。此一僵局，不僅讓劉泰英大主委失去顏面，更讓另一人心中充滿焦慮，這個人就是即將從大華證券董事長位子屆齡退休的王炳南先生。原來，劉泰英早已計劃調整我的職務，派出自稱協調能力一流的王炳南去跟徐立德協調，王炳南去見徐立德時卻碰了個軟釘子，但王炳南並沒有如實回報。因此劉泰英認為他已跟徐先生協調好了，為酬庸王炳南的貢獻，便安排王炳南接任中華投信董事長。

王炳南獲知這個安排後自然迫不及待，因此他一方面積極遊說我就範，一方面在外面亂放話，說我是因為徐立德在背後撐腰才會如此大膽，拒不從命。其實徐立德轉任行政院副院長後就不願意介入黨營事業的事務，王的胡亂放話雖然起不了什麼作用，但他不斷打電話給我，實在很煩人。

終於，我按捺不住了，某天當王炳南再度來電遊說時，我向他表示：「炳公，我們在大華相處三年十分融洽，我們之間的關係沒有問題，我也相信你一直打電話來是出於好意。可是，外面的人都在傳，說我被迫離開中華開發你也是幕後推手之一。我當然是不會相信這種傳言的……。」還沒有說完這些話，我感覺到王炳南在電話那一端露出窘態，急著回應：「孝威，我沒有。我發誓沒有。」在這次電話交談後，王炳南就再也沒有來電了。我最後同意接任中華投信，攪亂劉泰英的一盤棋，也讓王的美夢落空。

做事客觀，對事不對人

中華投信的規模在當時是台灣排名第三的證券投資信託公司，在歐美稱之為共同基金管理公司。當時全台只有四家投信，每家的獲利情況都很好，是一個寡頭壟斷的局面。由於獲利良好，因此公司同仁的待遇都比較高，董事長也不例外。我到任之後，很快就發覺這個位子是標準的「錢多事少離家近」。我每天大約花不到兩小時的時間在處理公司業務上，之後就沒事可做了。但我並沒有打算長期待在這裡享清福，因為我認定這個位子只是一個過渡性質的安排，劉泰英只要找到藉口必定還會來找我麻煩。我雖然沒有什麼企圖心，但是也不至於完全不負責任，看到公司該管的事情還是會提出來。

當時四家投信公司的主力產品都放在股票型基金上，對於債券型基金甚少著墨。我根據過去在大華證券的經驗，建議經理部門好好發展債券型基金，亦即兩類產品並重。當我們採取這個新策略之後，大約一年多後，中華投信的基金總規模就衝到了龍頭地位，這是我對中華投信的一點點貢獻。公司開始衝刺債券型基金後，固然奪得了龍頭寶座，但對組織發展路線卻產生了矛盾。

當時公司經營團隊的主要成員有兩位，一位是總經理陸大文，另一位是執行副總林一鳴。陸大文管業務，負責基金商品的銷售及推廣。林一鳴管的是基金的投資績效，是投資的總操盤手。由於債券型基金給公司帶來了新動能，陸大文認為可以再接再厲，把規模做得更大。因此，他仿效外商銀行走財富管理模式，從花旗銀行挖過來一個專司金融商品銷售的小團隊，大約十個人左右，全是女將。陸大文給這個小團隊不少資源，希望他們能有好的業績。這個團隊的表現也頗為亮眼，爭取到不少新的企業客戶。他們有次在內部會議中說，董事長的名字真的很管用。有時候客戶因為對他們銷售的商品不太熟悉，想要進一步了解中華投信的信用，但只要他們說出我的名字，大部分客戶立刻就表示可以放心了。同仁的報告帶給我不少安慰，我過去多年在市場上的努力沒有白費，我的名聲依然管用。

由於這個團隊的績效頗佳，陸大文分給他們很好的獎酬。林一鳴對這樣的薪酬模式覺得不以為然，認為沒有必要給予如此優渥的待遇，兩人之間的摩擦日益擴大，到後來可說是每日爭執不斷。我原本自認是「局外人」，不想介入公司的日常經營，但他們兩人針鋒相對，只有我能充當和事佬，不知不覺的，我這個和事佬已經搖身一變為仲裁者，我從一個局外人成了穩定公司的關鍵人物。這是一段有趣的經驗。

我雖然暫時維持了公司的穩定，但無法化解兩人的嫌隙。兩個人鬧到母公司中華開發胡定吾那裡去，胡定吾不得不介入，最後他選擇撤換總經理陸大文，留下林一鳴。隨後就要我轉告陸大文他的決定，陸大文有些意外，也十分失望，但事情已難挽回。

當時我問胡定吾是否已有接任人選，胡定吾說：「公司同仁都很喜歡你，就由你兼任吧。」我表示由我兼任不妥，因為他們這段期間的紛爭不斷，已經搞得各主管人心惶惶，如果由我兼任就意味著總經理的人選未定，將來開發可能還會派新的總經理來，人心仍然是浮動的，對公司的發展會有不利的影響。胡定吾說：「那麼你覺得該如何處理？」我說：「就讓林一鳴升任總經理，反正我還在，可以監督，至少人心會安定下來。」胡定吾接著說若是如此，他想以調升陸大文為副董事長的方式處理這個總經理的異動案。我從陸大文的角度去考量，覺得不妥。因為圈內人都看得出來這是明升暗降，對陸大文不好。陸大文如果頂著中華投信總經理的光環在外面找事不會太困難，若是改為副董事長，就難講了。

我跟胡定吾說，讓我跟陸大文談，由他自己選擇。經過我的溝通，陸大文果然選擇保留總經理的職稱，一、兩個月後就轉換跑道至某外商證券集團任職，此事總算是平和落幕。

其實說起來，我與陸大文是比較有淵源的。我們曾經在交銀同事一年多，之後公餘也常有往來。但處理人事問題，我必須盡量客觀，對事不對人。為此，林一鳴一直非常感謝我。

冷板凳的試煉

被迫離開中華開發，有如從高峰跌至谷底，我內心的沮喪很難用文字形容。名作家《誰搬走了我的乳酪》作者史賓賽．強森（Spencer Johnson），在他的另一本著作《峰與谷》中有一段話說：「在兩座高峰之間必然有低谷。你在低谷裡怎麼自處，決定了你可以多快爬到下一座高峰。」我在中華投信的初期，一點也不快樂。心中只是在打算另謀發展。董事長的工作非常輕鬆，對我一個習慣分秒必爭的人，很難適應。慢慢的，我可以靜下心看點書，看書成了我打發時間的一個方式。我也從書中得到許多啟發。

大量閱讀，沉澱紛亂的心靈

我無意中拿到一套歷史小說《黑雨》，講的是曾國藩的故事。我讀得津津有味。身為曾文正公的玄外孫，我一直到讀完這套書才比較完整了解他一生的事蹟。過去我從祖母聽到關於文正公的是他的家訓及行誼，從歷史學到的則是他征討太平天國大獲全勝，功業彪炳。

讀了這套書才知道，曾國藩在與太平天國打仗的初期其實屢戰屢敗，甚至可以說是敗得一塌糊塗，以致他曾自殺三次。我從來沒想到，一個如此豐功偉業的人竟然走過這麼艱困的路，轉念一想，那麼難過的局面他都挺過來了，我的這一點小挫折實在算不上什麼，這對當時我的心路歷程是一個重要的轉折。第二本讓我改變的書，是《聖經》。我每天花半個小時以上讀《聖經》，思考其中的意涵。不知不覺的，我的人生哲學起了變化。

另一本讓我受益很多的是美國管理學大師柯維（Stephen R. Covey）的暢銷書《與成功有約》，這本書讓我開始反省自己過去的領導方式是否有問題，我因此迷上了柯維的著作，尤其是他寫的另一本《與領導有約》。我不僅好好讀他的書，還飛去美國鹽湖城參加他親授的訓練講習。這是我職涯發展中一個里程碑。就從那時起，我對領導學產生濃厚的興趣，在邊做邊學中持續成長、累積心得，十年後我已蛻變為一個處事圓融的企業領導人。

記得當時我讀到柯維的一個重要原則：「先要了解對方，再讓對方了解你」時，不禁反省自己在中華開發時，經常沒有耐心聽同事講話，同事才講了幾句話，我就以「你不要再說了，我告訴你為什麼」來回應，因為我不想浪費時間聽廢話。老實說，開發有好些主管的程度的確不怎麼好。我剛到任初期，有些主管還自視頗高，不太瞧得起我這位來自證券業的總經理。但談金融專業是硬碰硬的事，有沒有本事幾句話就見真章，也就是所謂的「行家一出手，便知有沒有」。因此，才沒有多久，很多人就害怕進我的辦公室，因為常常講上幾句話後就被我問得無地自容。他們報告十分鐘，我只要問一、兩個為什麼，他們就被問倒了。讀了柯維的書，我才體會到包容與耐心的重要，當時我應該多給同事表達的機會，即使覺得他說得不對，無須先急著指正。這段反省對我日後是一個重要的借鏡。

在我感覺最困難的前兩年中，給我最多鼓勵的人，莫過於父親生前的好朋友應昌期先生。應先生在金融界的輩分很高，國民政府遷台初期，亦即五〇年代，應先生就已經位居台灣銀行的當家副總經理，後來離開金融業，先後成功創辦三家上市公司（利華、益華及國泰化工），一九七七年又出任政府主導的國際票券董事長，是一位聲望崇隆的企業界領袖。我自留美返台後，常去他辦公室看他，一聊就是一、兩小時。

應先生對我十分愛護，我進交通銀行兩、三年後，他就表示要安排我轉往國際票券擔任高階主管，進而接任總經理。此話才說完不久，政府當局為安排中國商銀董事長金克和退休後的出路，與應先生情商能否讓出國際票券董事長的位子。應先生毫不眷戀，立即自請退休。唯一掛在心中的事就是他曾對我說過的話。因此，他特別叮囑接任的金董事長要跟進此事。金克和也把這事當真，加上金董事長與我父親當年也是摯友，於是他接任不久，就致電交通銀行李仲英總經理借將。當時，李仲英正醞釀提名我升任交銀副總經理，認為討論此事時機不對，勸我不要輕舉妄動，也同時婉拒了他在台北市銀行時的老長官金克和。這雖是來自應先生極大的善意，但因時機不成熟，沒有成局。

徵招子弟兵受挫，放棄創業之路

幾年後，我已經轉任中華投信董事長。當時，我一心想要用創業行動，向外界證明我是一個有能力的人。因此，我大半心思都放在規劃自行創業。想要自行發展新事業，有三個不可或缺的因素：資金、技術及團隊。我出身金融業，自認有關金融的專業難不倒我，至於其他兩個要件，我覺得只要我招募好團隊，資金應是水到渠成的事，因此，我把找人列為第一優先要務。

過去那些年間，不論在交銀或大華，我先後培養了不少子弟兵，對於招募團隊的事，我覺得頗有把握。於是，我先請一路跟著我的「大弟子」許婉美分別跟我的子弟兵溝通，接著邀請他們聚會。

這場聚會談了好幾個小時，覺得話題有點在繞圈子。我們從晚飯的餐廳談到常去的小酒館，就是沒有具體結論。終於我按捺不住了，清清嗓子說：「現在已經十一點半了，我們也談了四個多小時了。散會前我們好像該有個結論，請大家一個一個告訴我，你自己心中的具體想法。」

我們是一群有深厚情誼的好夥伴，但此言一出，氣氛突然變得有點凝重。在座的人知道已經沒有閃躲的空間，只好一個個說出他們這次不能跟著我再出來創業的理由。聽到他們個個都拒絕我，我一時有點難以置信，為了遮掩心中的難過，我趕緊說：「夜已深了，我們都該回家休息了，改天再約時間聚會。」

回到家後我躺在床上，腦海中浮現出散會前幾分鐘與他們的對話，這些人都是我一個個培養出來的，他們會有眼前的成就跟我有絕對的關聯，怎麼會在我需要他們的此刻竟然棄我而不顧，頓時心裡有種眾叛親離的感覺。我知道這會是一個難熬的長夜，在如此低落的心情下，失眠是必然的結果。愈想心中的起伏愈大，我彷彿已跌入萬丈深淵。

就在那個備感失落的時刻，突然有一個意念進到心中，《聖經》上不是有句話嗎？「你們要將一切憂慮卸給神，因為祂顧念你們①。」我反正也無法入睡，於是我跪在床頭跟上帝禱告說：「上帝啊！今晚事情怎麼會是這個樣子？我真的沒想到他們竟然會一個個拒絕我，這種被拋棄的感覺真的是好難受。但是，上帝啊！如果今晚這一切是出於祢，我願意順服祢的旨意。」說到這裡，我的眼淚已經奪眶而出。禱告之後，我的心情立刻平靜下來，躺回床上瞬間就睡著了。這是我第一次體驗到《聖經》上所說的「上帝所賜的平安」，也是一個難忘的經驗。

建立團隊不順的事實，讓我不得不重新衡量創業的可行性，再加上許婉美決定遷居澳洲，更讓我打消自行創業的念頭。但是，客觀環境告訴我不能放下心中的危機意識，我仍然必須另謀出路，才是長久之計。

認識自己的不足才是真智慧

過了幾天，我去跟應昌期先生聊天，他從言談之中感覺到我悶悶不樂，於是他

注①：出自《聖經》「彼得前書5：7」。

跟我說：「我有一個想法，你考慮一下。」當時，應先生擁有兩家上市公司（利華羊毛及國泰化工）的控股權，董事長皆是他所派任。他說自己以及他的團隊年事已高，該是世代交替的時候，如果我願意，他會規劃把其中一家的董事長於次年度股東會時交由我接棒，一、兩年後另一家公司也由我接掌。

他說出這個想法讓我很感動，我對這個安排也覺得動心。進一步了解之後，我打算抓住這機會。然而，在做出這個重大決定前，我覺得在禮貌上還是該向幾位過去十分照顧我的長官報告一聲。

第一位長官是李仲英。但是他的態度卻相當保留。他問我的第一個問題是：「你去那邊想做些什麼呢？我擔心你去了那邊，卻沒有事情可做。」他是覺得在民營企業會受到規模不夠大的侷限，能夠發揮的空間不大。

第二位前輩是中央投資公司的總經理殷文俊。他曾任政大教授，中投也是大華證券以及中華開發的最大股東，不論在大華證券、中華開發，我和他都有很多的接觸，這位前輩對我頗為照顧。

他聽了之後的回應是問我：「孝威啊，你到中華投信有多久了？」

我回答：「大概一年多。」

「喔，一年多哦，那為什麼才一年多，你就想要換位子呢？」

「因為我覺得每天好像都沒有什麼事情做啊！我悶得發慌啊！我覺得太閒了！」我說。

他笑著跟我說：「我跟你說啊，一個人有沒有本事，就看這裡。你能夠在冷板凳上坐個三年，才叫做有本事。你現在才待個一年，就坐不住了，你啊，不行！」

碰到連續兩位長官不太贊成，難免有些鬆動，他們的話，雖沒有讓我打消到利華羊毛和國泰化工的念頭，但也不敢輕易下定決心。面對這樣一個分叉路口，真的只有上帝知道如何選擇，於是我天天向上帝禱告。過了兩週，忽然冒出第三個人來，與我有一段關鍵性的談話：

他說：「聽說你要來（利華羊毛）啊？」

我回答：「對啊！」

「你年紀輕輕的就打算到利華羊毛退休養老啊？」他問。

「沒有啊，」我說，「我就是想幫應先生做一點事。」

「你那麼有能力，幹嘛來利華羊毛這個地方？去那邊，等於就是去養老的，在那邊，沒有多少事可做的。你應該要再考慮考慮。」對方如此回應。

當時，我心中充滿了困惑：「為什麼有人在這個節骨眼上跟我說這些話？往好的方面想，他是提醒我，去到利華羊毛，真的沒有什麼事情好做。但往壞的方面想，第一，他已經明白的告訴我，叫我不要去，我如果還是去了，豈不是很笨嗎？因為他是對利華羊毛非常有影響力的人，他已經明白告訴我不要去，如果我不聽，將來的日子只怕不會好過。」

這段對話，對我的決定，起了關鍵性的作用。

態勢很清楚，三位與我談過的人，都勸我打消念頭。當下我打了通電話給應先生，跟他說，讓我再考慮兩、三個禮拜。兩週後，我當面向應先生報告我婉謝的決定，當下，我看到他的眼神極其失望，他的神情讓我感到很不忍，但我也不宜再三心兩意。生意不成，人情在，應先生在我事業低潮的時候，對我的全力支持，至今我仍牢牢記在心裡。

這幾次企圖出走不成的挫折，讓我有如身處在低谷中徘徊，走了許多冤枉路，卻是毫無進展。此時，我耳邊響起了與殷文俊先生的對話：「一個人能夠在冷板凳上坐三年才叫做有能耐。」我浮動的心境慢慢的沉澱下來了。我不再急著找機會，決定耐心等待機會來敲門。

接下來一年左右，似乎是我職場生涯中比較平靜的日子，我利用這段時間讀書靜思，在研讀《聖經》上收穫很多。有一天，我讀到《聖經》中的一段話：「智慧人不要因他的智慧誇口，勇士不要因他的勇力誇口，財主不要因他的財物誇口②。」

注②：《聖經》「耶利米書9：23」。

讓我十分震撼。我回想到過去兩、三年的種種經歷，自信的我總認為憑著自己的能力就能創造成功，我看到其實這是我內心的驕傲，以致於我挫折連連、處處碰壁。

我終於明白，我的未來不是掌握在自己的手中，而是有一個更大的力量。我開始謙卑的站在上帝的面前，這個領悟改變了我人生的觀點，也讓我開始用更開闊的心胸接納他人，包容他人，在領導上是很大的突破。多年來我在辦公室掛了「有容乃大」四個字，就是此時開始的。

—柳暗花明又一村，參與創設和信電訊—

一九九五年初冬，在我轉任中華投信董事長大約兩年後，朋友介紹了一位香港的律師給我認識，他背後代表的是香港資產最雄厚的企業集團。他強調，聽說台灣快要開放電信執照了，想到台灣投石問路，探詢台灣有沒有企業集團願意合作，一起申請台灣的電信執照。

在那個階段，台灣即將開放 2G 的行動通訊電信執照，業界認為最重要的是，如何能爭取到最多數量的大樓，願意讓業者在樓頂架設基地台，基地台愈多，就代表行動通訊網路的品質愈好。因此，這位律師傳達希望能在台灣找到擁有較多房地產的企業集團，成為合作夥伴，認為這將會是未來提供品質優良的電信服務最重要的基礎。

我跟這位律師談過後，自己也做了一個小小的研究，發現電信產業真的是一個非常有潛力的事業。評估國內各企業集團種種條件，以及熟識的企業圈好友，我先找了和信集團當時的第一接班人辜啟允洽商。

引薦辜啟允發展電信商機

我與辜家的淵源深厚，辜振甫先生與先父是至交，在週末經常是牌搭子。辜先生當年創辦中國信託，先父是重要的幕後推手，擔任首屆董事會常駐監察人。辜先生對我一直都很愛護，曾經要我去台泥工作，擔任他的機要祕書，可惜未能成局。辜媽媽與先母是手帕交，先父離世後，辜媽媽是少數幾位官夫人始終與先母保持密切情誼，在先母最困難的時刻，帶給她許多溫暖，她們是幾十年的好姊妹。

我們四兄妹中有兩位是他們的乾兒女，他們家五兄妹有三位是我父母的乾兒女。我們這一代都就讀於再興小學，辜先生的次女懷箴跟我是再興小學的同班同學，迄今仍常往來。辜先生的長子啟允，跟我的大妹令達是同班同學，他雖然小我兩歲，跟我從中學時代就玩在一起。大學時期他就讀於東海大學，我們較少碰面，但我們分別留美返台之後就經常碰面，兩個人很投緣，又都是華頓的校友。啟允喜歡熱鬧，常常約朋友聚會喝兩杯，我經常是受邀的座上賓。啟允是個對朋友非常熱心的人，對我可說是情意深厚。他非常看重我的專業能力，曾經多次表達希望我能加入和信集團，成為事業上的夥伴。我們彼此間有很強的互信，對於他幾次的提議自然會心動，只是時機還沒有成熟，進軍電信可以說是一個好機會。

那時，辜啟允一聽到是來自香港某大型企業集團後，卻興趣缺缺，表明與該企業合夥的意願不高，這項來自香港的電信聯盟合作也因此作罷。事後，我向辜啟允建言，不想與香港的某企業集團合作不要緊，但台灣的電信產業卻擁有大好前景，和信集團仍應該慎重考慮是否參與電信事業。辜啟允表示，和信已經擁有這麼多事業體了，目前在電信這個全新的產業，集團真的沒有這方面的人才啊！接著，辜啟允半開玩笑的對我說：「如果你跳下來幫我們做，我就做！」

我跟辜啟允說：「如果你真的有興趣，籌設電信事業的階段，我來幫幫忙、開開會、出出主意是可以的啦！」結果，辜啟允頗當真，在當時和信企業集團每月舉行一次的經營會議中提出參與電信事業的構想，和信企業集團也認為，這是個頗值得考慮的新興事業。但在當時，這項產業是全新的事業，究竟該如何著手，一時也沒有人知道，很明顯的，這恐怕得尋求國外電信公司共同合作，才可能成功。於是，和信開始認真成立電信事業的籌備小組，我也在這個籌備小組之中，積極展開與國外電信商的洽談。

協助和信電訊拿下北區執照

第一家和我們接洽的，就是美國ＡＴ＆Ｔ Wireless。然而，正當雙方協商開始有了進展，ＡＴ＆Ｔ就提出一些條件，這些條件已近乎「喪權辱國」，所以我們無法達成協議，雙方談判破局。之後ＡＴ＆Ｔ轉而與遠傳合作，至於他們之間達成了什麼樣的協議，就不得而知了。

第二家洽談的外國電信商是美國Sprint。Sprint在接下來的數個月內，前前後後派了非常多組人來，同時聘請國外顧問公司，就整個設備、技術、投入大量時間和心力溝通討論，不料，就在籌備小組準備送件之前，Sprint公司卻進行了人事大改組，其中國際部門更換了新的負責人，臨時又提出一些新的條件。送件在即，何況和信電訊籌備小組早就與Sprint電信簽定了合作備忘錄（MOU），這位負責人卻在此時提出許多「額外條件」，否則將退出整個合作，這些動作讓我們難免感覺對方是否趁機「拿翹」。

最後，就在籌備小組正式送件前，我們臨時轉換與加拿大最大電信商貝爾公司（Bell Canada）合作。事後，和信電訊順利取得執照，加拿大貝爾公司的持股也受惠於股權升值，他們也非常滿意這次與和信電訊的合作，認為這是一筆雙贏的好交易。

整個電信執照申設過程中，爭議最大的，莫過於政府對於電信業的外資持股比例上限的規定。當時合作的國外電信商，每一家都希望持股能達三〇%以上。而當時政府的規定，直接外資不得超過兩成，但間接外資部分，沒有明確的規範。

過去，政府對外資的政策，大致也是依循這樣的大方向，對外資的投資，並不排斥，為此，當時經建會曾發函給交通部，說明以經建會的立場，只要是在本地登記註冊的公司，就可視為內資。然而，審查電信執照的主管機關交通部，看法卻不同，認為即使在本地註冊登記，只要確定是外資持有，仍視為外資。

諸如此類的外資爭議非常大，外界不少人認為，這類對外資比例前後不一的解釋，似乎有不少政治角力在其中，但實情如何，就不得而知了。經過一年數個月的準備，籌備小組終於開始送件至交通部，數十紙箱洋洋灑灑的送審文件，為爭取電信執照，各家擺出的陣仗規格頗高。

為了準備這數十萬字的審查文件，我們特地請電信設備商詳列專業規格，配合提供電信設施的網路規畫。送件後消息傳出，在各家送件審查的營運計畫書中，寫的最好的，就是和信電訊；然而，報告寫得好，並不代表總體評分就會高，整個評分過程其實是審查委員間的政治角力，和信電訊的最後總分則因外資比例問題，被扣了好幾分。

就我所知，這次各家財團爭取電信執照大多卯足全力，但和信企業兩位大老——辜振甫先生和辜濂松先生並沒有參與所謂的政治角力，和信電訊頂多聘用幾位從中華電信退休下來的高階主管為專業技術上的諮詢顧問，一切都是正大光明的溝通，以專業實力爭取執照。

最後公布審查的結果，取得 2G 行動通訊執照的業者，除了中華電信以外，排名前三大的分別是太平洋電信（台灣大哥大）、遠傳電信及和信電訊。其中，太平洋和遠傳取得了全區執照，遠傳獲得全區加北區執照，和信電訊則拿下北區執照，至於東信電訊、泛亞電信，則分別拿下中區和南區的執照。

值得一提的是，為了準備送審文件，各家電信公司籌備小組，事前也動用了數十人，甚至上百人的人力，投入一年多，專設一個籌備處辦公場所來做準備。整個電信公司籌備處，光是數十人的薪資、每個月的水電費等基本開銷，就相當驚人，這還不包括三不五時必須聘請國外顧問進行指導。

記得和信電訊剛要成立籌備小組時，辜成允曾問我需要多少預算，當時初步估算大約五千萬元。為了節省經費，我當時在中華投信擔任董事長已有支薪，在和信電訊籌備小組就完全不支薪。辦公室租金和裝潢設備，通常也是一筆大宗支出，我找了一位室內設計師，他是我的高中同學，請他給我最陽春的辦公室設計，將當時原來是毛坯屋的辦公樓布置成臨時辦公場所，整個辦公室全部打通，包括我在內，沒有任何一間獨立隔間的辦公室。

我這位高中同學後來在外面開玩笑說，當年我為了撙節支出，曾對他說，請他以最陽春的辦公設計做室內規畫，如果和信電訊日後爭取到執照，未來所有和信電訊辦公室的設計裝潢，就由他承包；若一旦沒爭取到執照，一切的設計施工，就請他「自行吸收」！雖然這只是一句玩笑話，但事後想來，籌備小組當時的克難景況，格外點滴在心。

辦公地點一開始是和信集團在中山北路挪出一間辦公室讓籌備小組暫時落腳，經過尋尋覓覓，最後選擇在台北車站新光三越和館前路交叉口的一座矮樓內辦公。日後，當和信電訊申請到電信執照後，就將這個籌備地點就地改裝為辦公場所。

經過一年多的日夜趕工，和信電訊總算順利拿下北區電信執照，而整個籌備小組的實際開銷，只花費了大約兩千多萬，不到最初五千萬預算的一半，也比遠傳、台灣大哥大籌備期間花費可能上億的金額，少了很多。

一個錯誤決策，失去市場先機

然而，拿下電信執照，只是電信公司的第一步，接下來最重要的關鍵，當然就是購買電信設備。在和信電訊備標的初期，我們與芬蘭的諾基亞公司（Nokia Corporation）有相當密切的合作，他們也提供我們許多相關的資訊。到了籌備的後期，和信找了一位從朗訊科技（Lucent Technologies Inc.）退休的高階主管張佑邦（Herbert Chang），成為籌備小組的重要負責人之一，他是所謂從AT&T體系出來的人，和朗訊在台負責人互動密切。朗訊在銷售上採「低價策略」。當時東帝士集團陳由豪的東榮電信同時標下了中區和南區執照，就是基於價格的考量向朗訊採購了電信設備。擁有中區和南區執照的東榮電信，與擁有北區執照的和信電訊在服務上合作是很自然的事，當時，陳由豪也極力鼓吹和信電訊和他同樣採購朗訊科技的電信軟硬體設備，讓北、中、南區的全島電信體系，都能統一。然而，我一直不太贊成。

當時全球公認行動通訊性能最好的電信系統，就是芬蘭的諾基亞公司，所以我希望和信電訊採購的電信設備最好是諾基亞的廠牌。張佑邦卻希望向朗訊採購，畢竟他出身自朗訊，為此，大家僵持不下。

我記得有一天的下午，辜成允找了我、張佑邦，和一位被大家尊稱為林老師（林秋明）的技術長（他出身自中華電信，是業界公認最懂行動通信的兩位大將之一），四個人在台泥辦公室裡談。林秋明希望能採用諾基亞系統，但張佑邦則力挺朗訊，理由就是朗訊價格比起諾基亞低了很多，並認為他與朗訊的關係可以確保服務的品質。辜成允最後也贊成採用朗訊，由於他們兩個人的堅持，我最後也只好勉強同意，但我也跟辜成允說：「你做了一個很冒險的決定。」我這麼說是因為，當時全球主要的國家採用的幾乎都是歐洲品牌（諾基亞、易利信或西門子），要查證它們的客戶口碑十分容易，只有極少數的國家是採用朗訊，可以說，當時朗訊科技的電信設備，是沒有什麼市場紀錄的，就算有，可信度恐怕也相當低。

事隔多年，每當回想起這件事，我仍覺得懊惱！為何當時我沒有堅持，再給我一次和諾基亞協談調降價格的機會？

和信電訊成立之後，開始建設基地台時，我們才發覺朗訊的價格雖低，但在交貨及施工上頻頻出包，網路品質極不穩定，對我們一家新開幕的電信公司，傷害很大。以致當時，我們還被市場通路嘲笑，稱和信為大馬路電信公司，因為只有在大馬路上，通訊品質才會好，一進到巷弄裡，或甚至在室內，通訊品質就大打折扣。一個錯誤的決策，讓和信電訊失去了市場先機。

人生沒有白走的路

這個經驗也成為後來我去台灣大哥大時的「前車之鑑」。日後我在台灣大哥大購買3G時，才會構思了一個「比價策略」。

除了電信設備的採購，即將正式開張營業的和信電訊，當然也需要財務方面的好手加入，當時我的「大弟子」許婉美，在離開中華投信後移民澳洲，並同時取得澳洲頂端商學院的ＭＢＡ學位，被我號稱以發出了「十二道金牌」的方式召回台灣，也就是每隔兩天就打一通電話給她，要她務必從澳洲回台，到和信電訊接下財務長的工作。工程方面，則由加拿大貝爾派員擔綱。

至此，籌設和信電訊的基本架構都已成形，包括採購在各地的基礎設施、架設基地台、公司營運的財務、行政人事及資訊系統大至底定，然而，正在積極準備開業之時，我突然接到了張忠謀董事長的來電，改變了我的職涯規畫。

第七章

重出江湖：再披戰袍，接下台積電財務長

我是公司內極少數膽敢進張忠謀董事長辦公室提出不同意見的高階主管，不論他是否同意我的看法，我們之間的互動良好，讓我感覺受到尊重。原因之一是我學著在心中多一點謙卑，遇事放下自己的觀點，先想想張董事長的觀點會是什麼。當我學會如何用老闆的邏輯想事情，再加上我的專業知識，即使看法有出入，我們的溝通也順暢無阻。

—張忠謀的來電—

一九九七年的十月，我接到張忠謀的電話，因為在大華證券當總經理時，我已和他認識了，台積電一九九四年成功掛牌上市，就是由大華證券輔導及承銷。雖然一九九四年時我已離開大華，但張董事長始終認為，我是台積電能夠成功上市的一個關鍵因素，其中的緣由是這樣的。

台積電是由政府於一九八七年倡導成立，當時它最大的一個股東，就是荷蘭的飛利浦電子。而且，當初飛利浦之所以投資，其實是有前提要件的，也就是將來它要有選擇權（Option），可以讓它股權過半。

台積電剛開始營運兩、三年後，規模還不算是特別大，但是，張忠謀董事長是位非常有遠見的人，他老早就看到，像這樣一家資本密集的科技公司，必須掛牌上市，才能取得更多資本。

上市建議困難重重，張忠謀全盤接受

約在一九九一年，張忠謀董事長打電話給我，跟我說他跟不少人打聽如要申請上市找誰比較好，所有的人都跟他說，要申請上市就一定要找大華證券總經理，所以他打電話找我，我就去看他，了解一下台積電的狀況，同時也拿了公司資料回來。我跟張忠謀董事長說，請你給我一點時間，把這些資料進一步了解以後，我來跟你做一次報告。

我把這些資料拿回來以後，在同事們進行比較詳細的分析，歸納出許多的建議後，我們就去台積電跟張忠謀董事長報告，開宗明義就向他條列必須進行哪幾項重要事項。

對於我們提出多項的建議，張忠謀董事長不僅沒有不高興，而且全然接受。其中，我給他最重要的一項建議是，飛利浦要求取得的台積電股權，一定不能讓它過半！因此，張忠謀董事長一定要設法說服飛利浦，它若要執行選擇權，最多只能執行到四〇%左右，比重不能再更高了，否則它不宜上市條款，會影響到台積電整個上市的進度。

這項建議，在當時對張忠謀董事長來說，是一項頗大的工程，但張忠謀董事長照單全收，同時也成功說服了飛利浦。因此，台積電也依照大華證券的規畫，一步一步順利上市了。張忠謀董事長始終記得此事，曾經好幾次在公司內部會議中提到我的名字，肯定我的專業。

事隔多年後，有一次在一個小型聚會中，張忠謀董事長和宋學仁都在座，我們回憶起當年的這段往事，張忠謀笑著說：「我記得當年 Harvey 從口袋裡拿出一張清單，列出多項要求，冷冷的告訴我，如果你能完成我列出的這些目標，就能順利通過上市審查，當時 Harvey 臉上的表情似乎是說，我看你很難達成這些目標。但我們都做到了！」大家一陣哄堂大笑。

「洗盡鉛華」，接下跨領域的新挑戰

再把場景拉回張忠謀董事長的來電。我接到他的電話，有一點意外，十分好奇他是因為什麼事情打電話給我。

他說，台積電正在找財務長。其實，台積電正在找財務長這件事情，我知道，因為我的至交好友蔡力行（時任台積電營運執行副總經理）不久前才剛問過我，有沒有人選可以介紹，而我也給了他兩、三個名字，請他去接觸一下，看是否適合。其後的過程他沒有跟我多說，當然，我也就沒有多問。

電話中張忠謀跟我說，他一直沒有找到合適的人（接台積電的財務長），為了找不到財務長這件事，他晚上都睡不著覺！特別是當時台積電剛發行美國存託憑證（ADR），在紐約才掛牌上市不久，急需一位財務長去和國外的投資人應對。原任的曾姓財務長突然離職，找不到合適的財務長，對他非常、非常的困擾。

電話中他又說：「今天下午，我跟曾繁城、蔡力行三個人又再討論一次，我們三個人心中其實都有了人選，而且看法都一致，那個人就是你！」

接到這通電話時，我的確是有點被嚇到。說實話，當時對於接下台積電財務長這個位子，我自己想都沒有想過。然而，四年前（一九九三年）我從中華開發去職時，張忠謀曾打電話給我，說：「Harvey，我不知道你那邊發生了什麼事，但是我知道你是我的朋友。」這份溫暖的情意，始終在我心中。因此，我不好當面回絕。

張忠謀在電話中說：「這樣子吧，這個禮拜六你有沒有空？到我家來吃個晚飯，我們談一談。」就這樣，禮拜六我就去了張忠謀位在台北的家，當天，曾繁城、蔡力行都在座。飯局中，張忠謀董事長很認真的一直講、一直講，言談之中，就是希望說服我能答應接下財務長的工作，但是全程我都一直沒有鬆口。講到後面，整頓晚飯都快吃完了，張忠謀忍不住轉頭跟曾繁城、蔡力行說：「FC①、Rick②，你們講講話好不好？我都講了兩個鐘頭了！」

但我還是一直沒有鬆口。最後，我跟張忠謀董事長說：「這樣子吧，我回去想一想。」其實，當時心裡面還是不太想接這份工作。當時我想的是，我為什麼要跑去一個陌生的產業？何況，在中華投信，我畢竟是董事長，為什麼要去做財務長的工作？而且又是在新竹，這幾件事我都需要再三思量。

在接到張忠謀董事長電話的第一時間，我心裡閃過的第一個想法是：「這可能嗎？」當時我覺得接這份工作的可能性太低，所以，那個週末到張忠謀董事長家中吃晚飯時，我心中也沒有多想，純粹只是因為「他是張忠謀，過去對我也很好，他請我到他家吃飯，禮貌上我不能拒絕」，所以我就去了。整個晚上，看到他這樣努力遊說，我只能用「我再回去想一想」來回應。

我一直對跨產業這部分，心中有很大的保留，我覺得這對我來講，是一個很大的風險。在此之前，我都是在金融領域裡面，這是第一次面臨跳出金融業，轉到另一個全然陌生的產業。

如果張忠謀董事長提出的是，要去開一家投信公司，我都還會很感興趣的聽一

注①：為曾繁城的英文名字，時任世界先進總經理。
注②：為蔡力行的英文名字，時任台積電執行副總。

聽，看看張忠謀董事長想要做什麼，但現在他提的，卻是要我到新竹、進入一個全然陌生的產業。不僅是半導體的技術，整個產業環境我都完全不了解，對於要不要接下張忠謀董事長迫切需要的「台積電財務長」的工作，我心裡有很大的保留。

那一夜，就在沒有任何結論的情況下，結束了這頓晚餐，但我答應張忠謀董事長，會回去好好想一想。隔天，我又接到了蔡力行的電話，說張忠謀董事長要他不論如何，還是再打個電話給我，繼續遊說。於是，我告訴了蔡力行我心中的疑慮。蔡力行也挺有意思的，他回答我說：「其實這些都算不上是什麼風險，最大的風險是，你能不能和董事長相處！如果你能夠和他相處的話，剩下的這些都不是什麼問題。」我當下回答他：「你要我如何評估自己能不能跟他相處呢？我跟他沒那麼熟。」聽到我的答覆，蔡力行也只好說：「那你就再想一想，至於待遇的部分都不是問題，你一定會滿意的。」

說真的，這還真是我第一次遇到不知道要如何著手處理的事，因為我完全不知道如何評估自己能不能和張忠謀相處。我根本不知道誰是張忠謀的好朋友，又能找誰來諮詢呢？

在當時，報章雜誌對於張忠謀的個性和為人處世，有深刻描述的資料報導並不多，後來我在《天下雜誌》找到兩、三篇有關張忠謀領導風格及個性描述的連載文章，經由資深記者的觀察及深刻描述，把張忠謀的個性剖析得非常細。於是我將這些連載文章，一個字、一個字閱讀得十分詳細，並且一個字、一個字的反覆推敲，思考張忠謀到底是一個什麼樣的人？我到底能不能跟他處得來？

讀來讀去，想來想去，除了思考自己能否與文章中描述的張忠謀相處之外，更重要的是，既然蔡力行說，跨產業對我來講都不是問題，那麼，什麼是我的問題呢？我到底又在猶豫什麼呢？

我發覺自己其實有一個很大的問題。從中華開發總經理退下來，轉任中華投信董事長後，我心中一直把中華投信董事長一職視為閒差，但其實我在尋覓一個舞台，藉由這個舞台，讓大家都看見我是一個傑出的領導人，看到我確實有能力把一個經營決策者的工作，做得非常好。然而，媒體對於上市公司領導階層的報導，一般頂多報導董事長和總經理，會關注到資深副總經理或財務長層級的非常少。

到新竹科學園區去工作還有不少考量。首先，我的生活型態會受到很大的影響。如果我每天人都在新竹，和台北朋友的接觸就會大幅減少；其次，這份工作勢必也會讓我在整個台北的金融圈和企業界的能見度大幅下降；更重要的是，跨行投入了高科技產業，最大的風險是，萬一沒有做起來，反而有損我多年在台灣金融界累積的品牌和名聲。這些都是我不太希望發生的。所以，對我來說，究竟要不要下這個決定，接受台積電財務長的工作，的確有點困難。

經過兩個禮拜左右的思量，在反覆推敲雜誌上對張忠謀的性格描述後，我發現自己對張忠謀這個人開始產生了好感。

「好吧！就撩落去！」經過這兩個禮拜的思考，我心中已做了決定，「就去新竹幫他一下！」在幾次電話和當面詳談後，我最後接受了張忠謀的邀約。當時的我，可以說是用「洗盡鉛華」的心情，到新竹科學園區工作。

對我多年的職場生涯來說，這次是非常關鍵的決定。一九九七年時期的台積電，一切都還在衝刺發展階段，不僅時時都還要提防聯電急起直追，當時在全球半導體的市占規模、國際能見度，甚至社會影響力，都遠遠不及今天在全球晶圓代工的龍頭地位。

張忠謀對於我的決定，非常高興，立刻安排我到荷蘭拜會台積電最大股東飛利浦半導體總部，因為歷任的台積電財務長，都需要經過飛利浦的同意。當我一回到台北，張忠謀立即就對外宣布，由我出任台積電資深副總經理暨財務長。

從那次我去荷蘭拜訪飛利浦半導體總部財務總長羅貝茲後，日後每一次他來台北開台積電董事會前，我們都有個會前說明會。基本上，我們和飛利浦的運作模式是，開董事會的前一天下午，我和他們開會前說明會，簡報董事會議事內容，晚上張忠謀會請飛利浦的董事代表吃飯，如果有會前說明會尚未解決的問題，就設法在晚餐時達成共識。目的當然是希望在董事會檯面上，我們和飛利浦之間，沒有什麼歧見。我在台積電五年多的時間裡，都是依循這個模式進行。

顯然，我們和飛利浦之間的關係維持得很不錯，所以，董事會的運作一直都很平順。離開台積電多年後，某一回，我在另一家公司的董事會，又遇到當年代表飛利浦在台積電擔任董事的老朋友，他就公開在董事們餐敘的場合裡說：「當年Harvey在台積電董事會裡，每一場報告都是清清楚楚，就是他把飛利浦的人擺平的！」

獨排眾議，堅持逐季公布財測

接下台積電財務長的工作，對我而言，是一個非常不容易的決定。我和張忠謀講定這份工作之後，他也很大方的給了我一大筆非常豐厚的「簽約獎金」③。但事實上，在談這份工作的過程中，我從未對他提出任何關於待遇的要求。當然，這對我來說，是一大驚喜。這也是讓我感到，張忠謀的為人處世的確有他獨到之處。畢竟對大部分的老闆而言，員工不主動提簽約獎金，老闆當然也不會主動提，事情就這樣過去了，但張忠謀主動幫力邀的人才設想，對人才是很有感受的。

到新竹科學園區工作，的確與在台北有很大的不同。首先我通勤時間拉長了，每趟車程最少要花上七、八十分鐘，因此早上必須在七點剛過就趕緊出門，對我的日常作息是個衝擊，體力上也是個挑戰。我在此之前雖然已經有多次轉換職場的經驗，但這次感覺大大不同，過去換來換去都是在我所熟悉的金融業，即使是創辦和信電訊，好歹也是在服務業。再加上，從大華證券開始，我都是自己當家，即便遇到陌生的事情，也是自己拿主意，不擔心犯了錯會立即被「打槍」。但這次情勢改變了，我不再是當家做主的人，凡事要想到老闆是否會有不同的看法。由於扮演的角色不同，在思考事情上就感覺有侷限，對於習慣大格局思維的我，有點辛苦。

此外，金融業的經營與製造業也大不同。金融業的第一考量是客戶，因為只要能抓住客戶就會有營收；製造業的第一考量是營收，因為貨品生產出來一定得銷售出去，否則就要虧本，客戶雖然重要，但它不一定會固定上門。台積電不太像一家

注③：企業需要積極爭取優秀人才來增加公司競爭力時，有些企業會以支付一次性的高額簽約獎金（Signing Bonus 或 Sign on Bonus）方式吸引人才，做為成為公司新成員的誘因。

台灣的公司，企業文化比較偏向美國矽谷的公司，每次參加經營會議，聽其他主管的發言，常常會感覺自己到了一個不同的國度，不是很能適應。再者，張忠謀的頭腦敏捷，記憶數字的能力超強，在討論事情時不需要翻閱資料就可以直接說出數字。我做為財務長，有時候不翻閱一下資料還真沒辦法說出答案來。同時，在財務運作上，張忠謀也常有不同的想法，這對我而言，自然形成一定的壓力。

舉個實例來說，我上任兩個多月後，某一天的經營會議中，我們為公司是否要公布當年度財務預測有過熱烈的討論。台積電在此之前營運相當順利，年年都能超越預算目標，因此董事長及多數主管都認為應該公布年度財測數字，但出身金融業的我，特別是基於過往在證券業的經驗，認為還是保守一點，逐季公布財測較為妥當。這個想法沒有得到多數人的認同，但由於我堅持看法，獨排眾議，最後張董事長勉強接受了我的建議。結果當年度爆發亞洲金融危機，全球半導體業的景氣逆轉，台積電也不能倖免，營收成長低於預期，呈現趨緩的現象，幸虧當時是逐季公布財測，公司還有及時調整的機會，避免了許多困擾。張董事長事後在經營會議中表示，當初我的堅持是對的，讓我覺得財務長的功能得到肯定，這事始終停留在我的記憶裡。

最大的敵人是自己

進入台積電的第一年，還有一個小故事。台積電的業務主要是替位於台灣或美國矽谷的半導體設計公司生產他們設計的晶片，這些客戶都是由小本經營起家，如果產品受到歡迎就會愈做愈大，成為中大型規模的公司，但因經營不善而宣告倒閉的設計公司也不在少數。因此跟設計公司做生意，我們必須多加注意應收帳款，以免遭受倒帳損失。

大約是我加入台積電半年左右，我注意到有一家位於矽谷的客戶，跟我們下單的金額正在迅速增加，業務部門表示，這家公司的產品在市場上頗受好評，未來發展具有很大潛力。但這家客戶經常付款延遲，積欠的貨款累計已達數百萬美元，從風險管理的角度來看，似乎應該採取適當行動，以免日後失控。我於是利用赴美出差的機會，由我們在矽谷的業務人員陪同我去拜訪這個客戶，了解客戶的情況，也催促客戶儘速付清逾期的帳款。

客戶的負責人親自接待我的來訪，一方面說明它們產品的潛力，一方面希望台積電延長付款期限。當時我提出，即便延長付款期限，我們恐須設定一個信用總額的上限。他立即非常有自信的回應：「請你們不要這樣對待我們，因為我們將來會是你們最大的客戶。」這句話給我很深的印象，當場表示會再提出新的解決方案。

這個客戶也沒有讓我們失望，數個月之後付款就逐漸恢復正常。若干年後，這家公司果真成為台積電最大客戶中的一個。這家公司就是現在以繪圖晶片帶動電玩遊戲快速成長而聞名全世界的輝達（NVIDIA），而跟我說那句充滿豪氣的話的人就是黃仁勳，當時他才三十多歲。回想起來，覺得非常有趣，也覺得自己有幸見證一個傳奇人物當年篳路藍縷辛苦創業的一幕。

除了跨領域產生的問題，角色的轉變也有相當的難度。我加入台積電之前，已經在其他公司坐了近十年的第一把交椅，習慣自己做決策。財務長地位雖然重要，仍然是董事長的幕僚，許多決策不能自己決定，做起事來有點卡卡的感覺，經過大半年的時間，我才調整過來。記得服務滿一年時，我應邀在公司裡的基督徒聖誕聚會分享心路歷程，事後我把分享的內容為文發表。文中提到，每一個人最大的敵人就是自己，我們如果能夠在人生的不同階段學會放下過去扮演的角色，努力扮演面前的角色，就能快速成長。我保留了這篇文章多年，期勉自己勿忘當年的蛻變。

—併購德碁和世大半導體—

我自從一九九八年加入台積電直到二〇〇三年八月離職，這六年正是台積電全面起飛的階段。那幾年，公司的營收及獲利都翻倍增長，一九九七年全年的營收是四百四十餘億元，二〇〇三年已經達到兩千億元。一九九七年的獲利是一百八十億元，六年後獲利已達四百七十二億元。我躋身於創下如此輝煌紀錄的核心團隊之中，深感榮幸。這六年中，台積電不論是在產能規模、尖端技術研發或是業界影響力，都有長足進步。

過去，台積電是一家位於台灣的大型半導體製造廠，雖然已經頗具知名度，但在國際資本市場的能見度不足，六年後，台積電已成為國際上舉足輕重的半導體製造廠，在國際資本市場上則是具有指標性的世界級公司。這期間有幾個關鍵性發展，其中一個就是併購德碁及世大半導體。

堅持信守對投資人的承諾

一九九八年下半年爆發亞洲金融風暴，全世界半導體景氣逆轉直下。台灣有幾家半導體公司受到極大衝擊而產生巨額虧損，其中一家就是德碁。德碁董事長施振榮向張董事長提出合併的構想。一九九九年上半年，我們著手評估併購德碁的可行性，我是公司的談判代表，而宏碁集團則派出黃少華及彭錦彬等人為代表。經過數個月的來回談判，我們達成初步協議，以一：六的換股比率進行合併，這個結果還算理想。

正當我們展開後續簽約等作業時，突然又冒出世大積體電路的併購案。這個案子與德碁不同之處在於，整個案子的速度快如閃電，從醞釀到拍板只有幾天的時間，且談出的換股比率是一：二（台積電一股換世大積體電路二股），但我並沒有參與這場談判，而是張忠謀直接與世大高層談判，當雙方已經到達接近拍板之時，張董事長才告知公司高階主管，並召開執行面的討論會議。

由於事情的發展實在太快，我從財務長的立場來看，覺得這是對方看出當時台積電與聯電之間的競爭非常激烈，因此採取了一個策略，就是同時與兩家公司接觸，進而引發潛在買方相互競價的局面。如果就世大積體電路的財務數字來看，我們最後的出價實在太高，再加上我們手上的德碁案才要啟動簽約及併購接管，同時併購兩家公司恐將節外生枝。

因此，我在會議中表達異議，然而，張董事長並沒有接受我的看法，裁示儘速完成此案執行面的準備。會後，張董事長留我下來，兩個人在會議室交談許久。張董事長花了許多時間跟我解釋眼前與聯電的競爭態勢，台積電必須要在這個關鍵時點取得更多的高端晶片產能，才能拉開與聯電的距離。世大擁有的正是我們需要的，因此雖然對方開價偏高，我們基於競爭策略的考量，不得不吞下。聽到了這番說法，我放下了心中的異議，然而，我擔心德碁併購案可能會因這事而節外生枝的情況，不幸還是發生了。

果不其然，這項訊息對外發布之後，德碁施振榮董事長就來找張忠謀董事長表達抗議，強調台積電併購德碁的換股比率是「一：六」，而併購世大的換股比率卻是「一：二」，其間的差距實在太大，已造成德碁內部情緒相當低落，他個人更承受了德碁員工頗大的壓力。面對施振榮的抗議，張忠謀最後選擇了讓步，將換股比率改為「一：五」，讓德碁能夠以五股換得台積電一股。

面對這樣的結果，我實在很難接受。我向張忠謀董事長表示，台積電與德碁採用「一：六」的換股比率，是已經對外公布的數字，現在換股比率被改成「一：五」，讓我不知道要如何對外界解釋。但是張董事長也已經親口答應了施振榮，因此對於「一：五」的換股比率相當堅持。

當時我們一共有五、六個人在會議室裡討論此事。最後，畢竟張忠謀是老闆，一切還是他說了算。會議結束時，發生了一個小插曲。當時人資的副總攔住了我，說：「Harvey，你等一下，我還有事情要跟你講一下。」

由於在和張忠謀董事長討論德碁換股比率時，我和他都各持己見，其間，我說了一句：「如果這樣的話，我這個財務長應該辭職以謝投資人！」雖然這句話是在討論議案時脫口而出，但人資副總要求我，要把這句話收回去，認為我不應該這樣說。我回答他：「我不會因此賭氣辭職，我並不是這麼不成熟的人，但是要我收回這句話，是我辦不到的事情，這就是我的態度。」我強調，之所以這樣說，只是想表達，這是一件對投資人很重大的事，我們不能講話出爾反爾，不論是基於什麼樣的考量，不得已做了這項決定，但這是有代價的。

聽完我的答覆，人資副總說：「你在會議室裡再等我幾分鐘。」後來他到張忠謀的辦公室說明了這件事，不久，張忠謀又找我到他的辦公室，跟我說：「假如你的感受那麼強烈的話，那麼我們就維持原先『一：六』的換股比率，就不要改了。你現在不要走，我們就用擴音打電話給施振榮，跟他講明。」

我們當場撥通了施振榮的電話，結果，電話中，施振榮給我們的答覆是，和張忠謀達成改為「一：五」換股比率的消息，他已經對德碁員工宣布了，員工都非常高興，如果張忠謀要把這句話再收回去，所有的「後果」，都會由併購後的台積電來承擔。換句話說，想要再改回「一：六」的換股比率，已經是不可能的事情了。事已至此，當場我只能向張董事長打眼色，示意一切就算了。

從這個小插曲，可以看得出張忠謀董事長的確有他的過人之處。這兩個併購案完成之後，台積電辦了一場慶功宴，張忠謀在會場上對我說：「Harvey，不是你，我們就做不成這兩個案子！」

這句話，依我對他個性的了解，他願意親口講出，其實是非常、非常不容易的事，而這句話，對我而言，也代表了他對我非常大的肯定。而我，倒也並沒有因為他說了這句話，就特別的高興，但是在這兩個併購案的過程中，張忠謀兩度身段放得很軟的與我溝通，不論是耐心向我解釋併購世大的策略考量，或是願意在最後關頭，嘗試向施振榮挽回已說出口的「一：五」換股比率，都讓我深深感受到他對我的尊重。

這更讓我感到，張忠謀之所以是張忠謀，的確有他的過人之處。他有這個「肚量」，了解我之所以如此堅持，並不是因為脾氣硬，而是出於我的專業考量。

以財務工程手段，成功解決專利授權問題

除了前述的林林總總，這兩個併購案還帶來一個當初沒有料到的後遺症：就是因飛利浦持股比例的迅速稀釋，導致「半導體的專利授權」這個極為複雜的問題浮

上檯面。

台積電早期的許多產品都在飛利浦的專利權保護傘之下，但前提是飛利浦必須在台積電持有一定比例的股權。過去飛利浦是台積電的單一最大股東，它們的持股比例從來就不是個問題。但隨著飛利浦逐漸釋股，加上併購案的發行新股，台積電意識到這個問題的風險正在擴大中。

仔細檢討之後，我們的結論是，我們還需要三年的時間，才能安全脫離飛利浦的專利權保護傘。如何平安度過這三年期間，可以說是一個迫在眉睫的問題。最有效的解決方案就是專門為此發行十三億股特別股，全部由飛利浦認購，這樣一來，飛利浦的持股比例就可以維持住；三年之後，由於台積電已有脫離保護傘的實力，屆時就可以向飛利浦全部贖回特別股。

發行這批新股固然有其特殊目的，但依公司法規定，股東皆有權按持股比例認購。若是太多股東認購，有可能導致飛利浦無法認足維持台積電專利權授權所需要的股數，因此我們在設計上刻意壓低特別股的股息，來降低投資人認購的誘因。這樣的設計果然奏效，我們順利用財務工程的手段，解決了專利授權的問題。這也是財務團隊當時的一個巧思。

九二一震出國際市場地位

台積電到紐約證交所掛牌上市具有一個策略性目的，就是吸引外資股東。一九九七年下半年在紐約掛牌，當年年底外資持股比例約為一〇%。當時，我們訂了一個目標，要讓外資持股達到五〇%以上，希望引進國際資本市場的資金來拓展投資者的廣度，進而提升台積電的市值。這個目標可以凸顯出服務外資機構投資人，是財務長職掌中非常重要的一項業務。我日常工作上大約有三分之一的時間是用來處理這類事宜。一般來說，外資不單單追蹤財報的數字，對於公司的商業模式以及經營策略也十分關注。由於我曾經在其他公司擔任過將近十年的總經理，知道如何站在總經理的高度觀察公司經營的主軸，回答外資訪客的問題較能搔到癢處，因此得到許多外資機構投資人的肯定。這可能是我在《亞洲財金》雜誌舉辦的票選活動，連續三個年度（二〇〇一年到二〇〇三年）獲選為台灣區最佳財務長的原因。由於外資持續加碼在台積電的持股，台積電的外資持股比例迅速上揚，一九九七年的外資持股比例約為一〇%，而二〇〇三年年底時外資持股比例已經增加為四九．六%[4]。台積電的總市值也由一九九七年年底的四千七百九十億[5]成長為二〇〇三年年底的一兆兩千多億元[6]。

從台積電的經驗來看，服務外資機構投資人需要專業團隊，一個身處國際資本市場舞台的上市公司財務長，不僅要能夠把財務數字解釋得清楚，更要有能力闡述公司的經營策略。我在台積電提供的舞台上，把財務長的職能發揮得淋漓盡致。其中九二一大地震就是一個很好的案例。

臨危不亂，贏得外媒讚許

九二一大地震發生於一九九九年九月二十一日。

記得那天大地震是在午夜發生，我在台北家裡於睡夢中被震醒，發覺已經停電了，就知道事情可能不小。我立刻打開收音機，聽到了一點點有關地震的新聞，立刻跟同事聯絡，得知很多負責生產線的中、高階主管，半夜就已經趕回到現場。由於這場地震來得又大又猛，所有工廠的生產都停擺，製程中的半成品也都損壞，這對台積電來講，是很大的損失。

事實上，由於台積電完全沒有辦法出貨，導致它下游半導體零組件的廠商也沒有辦法出貨，最後的結果是，對很多國際上重量級的資訊大廠供應鏈，造成很大的

注④：四九．六三％以上，源自證交所公開資訊觀測站。
注⑤：479,350,000,000元，源自證交所公開資訊觀測站。
注⑥：1,222,776,000,000元，源自證交所公開資訊觀測站。

干擾。所以，九二一大地震發生後的幾天內，很多國外資訊業的大廠都飛到台灣來，想要了解最新的狀況。

一開始，因為地震災後全島停電，我們的晶圓廠只能使用自備的發電機先行發電來因應這個緊急狀況。由於這些自備的發電機都是燒油的，我們能夠自備的燃油非常有限，所以，一、兩天後我們自備的燃油很快就要用罄了，必須及時補充。

我們打電話給平時供油給我們的中油新竹油庫，他們雖然有燃油可供應，但在要如何付費上出了問題，因為當時全台電力都癱瘓了，不能刷卡。這家供應站就說：「你拿現金來，我開油罐車來幫你加油，不然免談。」需要的發電機燃油費用，動輒數十萬元、甚至百萬，在銀行都沒有辦法開門營運的情況下，一時間要去哪裡拿這幾十萬現金？幸而當時的經濟部政務次長張昌邦是我大華證券時期的舊識（時任證管會主委），我找到他幫忙，才解決了這個問題。

由於九二一大地震造成台積電供貨大斷線，嚴重干擾到全球資訊業供應鏈的運作，國際上的資訊大廠和全球投資人都非常關心：台積電究竟何時才能恢復生產、正常供貨？大約就在大地震之後的一週左右，我們出席了一場由高盛投資銀行（Goldman Sachs）在新加坡舉辦的亞洲投資高峰論壇，由於出席這場論壇早在大地震前就已排定，我們沒有理由缺席。當時，我們都可預期投資人想要知道什麼，公司的生產部門經過一個禮拜日以繼夜的加班，生產線的恢復計畫已有明確的時間表，我們已經掌握了確切的進度。

這是台積電歷經九二一大地震後，第一次在公開場合對外說明晶圓廠復原及重新供貨的議題，因此備受全球矚目。主辦單位特別把台積電場次的會議廳，由原先一般場地，臨時改到一個超大型的會議廳。當天會場上擠了滿滿的人，我就在講台上把公司災後復原的狀況，向投資人報告，得到非常正面的回應，我心中的大石頭也落下來了。

事後有媒體記者，以「在火線壓力之下，有一顆冷靜堅毅的心」，來形容我在新加坡現場面對外資機構投資人的場面。當時台灣並沒有幾個人知道這件事，但外資卻對這件事高度肯定，事隔幾個月、甚至一年之後，仍會被國外財經媒體提到。

九二一地震還帶出另一個小故事。台積電在晶圓廠上的投資金額非常驚人，每一座廠都是百億元起跳，因此固定資產的總金額高達千億元。如此龐大的資產，在投保上是相當複雜的財務工程，因為國內的保險公司根本沒有能力承做。我們必須到國際市場上跟世界級的保險集團打交道，所以每年財務團隊都會在國內保險公司的陪同下，到倫敦向各大保險公司簡報，最後由各家保險公司組成一個聯保團吃下這張保單。這種局面是非常少見的，在台灣只有台積電一家是以 Road-show（巡迴說明會）的方式來處理這部分的風險管理。

國際保險公司承保的險種比較多樣化，其中有一項是營運中斷險，就是公司如因火災或其他天災嚴重受損，以致暫停營運時，保險公司會按營運中斷期間公司損失的毛利，予以給付出險金。九二一地震造成嚴重的災情，台積電因此申請巨額的保險理賠，讓承保的保險公司慘賠。一朝被蛇咬，十年怕草繩，自此之後數年，國際保險公司對於承做台灣地區地震營業中斷險，大多敬謝不敏。

發行美國存託憑證募資

台積電發行美國存託憑證（ＡＤＲ），在一九九七年就已經在美國紐約證券交易所掛牌上市。

在二〇〇〇年之前，我們就曾經幫台積電的大股東飛利浦和行政院開發基金，以發行ＡＤＲ方式做小量、小量的釋股，避免股價在市場形成震盪，釋股數都是小量的。二〇〇〇年初，台積電完成世大併購案，這個併購案的著眼點在於拉開與聯電在產能上的差距，併購完成後，我們的產能可望大增。但此中還有最後一哩路要走，就是投入大筆資金來提升世大即將完工的晶圓廠中精密設備，才能達到提升產能的目標。於是我們決定做一次大規模的ＡＤＲ發行，直接到海外募集資金。這是公司第一次以募資為目的的ＡＤＲ發行，意義格外重大。

十天巡迴說明會，募得十一億美元

半導體產業的變化非常快速，合作的高盛投資銀行幫我們做了規劃，分別到美國和歐洲各地去做巡迴說明會，跟投資人面對面洽談，希望讓投資人對台積電未來發展有信心，增加對台積電的持股。然而，沒有人手握看見未來的水晶球，可以精準掌握未來的前景到底是什麼，因為半導體產業的景氣，永遠都是變化多端的。

當時在美國舉行巡迴說明會，為爭取時間，我們搭乘私人包機，在美國各地巡迴。那時已是初春，有一天夜裡，我們來到堪薩斯城（Kansas），第二天早晨起來，一望窗外，竟然下了薄雪，而且樹枝全部結冰，像是一枝枝冰棒掛在樹上，蔚為奇景。

大約十天左右，一路上也沒有辦法感受出市場的景氣，而高盛也沒有把握，只能且戰且走。等到最後訂價的時候，高盛把手中客戶的訂單拿出來統計，發現投資人下訂單的數量相當不錯，高盛與投資人最後確認後宣布，此次發行ＡＤＲ所募得

2000 年台積電在美國發行存託憑證（ADR）進行巡迴說明會，在 Kansas 城與同事們合影，左起：張孝威、宋學仁、古台昭與王浩人。（照片來源：張孝威提供）

的資金，總計大約是十一億美元左右，由這個成果來看，這算是一次漂亮出擊。當時財經週刊也有一篇報導指出，在當年全球經濟狀況不佳、美國股市並沒有特別好的情況下，能有這樣的成績，可以說是難能可貴。

對我來說，當時在進行這為期十天的巡迴說明會時，完全無法設想到究竟能募集多少億美元的ＡＤＲ，一心只希望能夠讓自己以最大的耐心，將所有投資人的問題，一個一個提出令他們滿意的回答。

當時每一天的巡迴說明會，至少有八個場次以上，每一場都要面對平均少則三到五位、多則二十幾位的國際投資人，提出各種有關公司營運的相關提問；前三天答覆起來已是相當疲憊，到了第五、第六天，每天從早到晚都排滿了八、九個場次，幾乎快讓我完全承受不住。最後我還是按捺住性子，一一向投資人答覆不少重複的提問，這對我不耐繁瑣事務的個性，真是極大的挑戰。

獲頒最佳投資人關係主管獎

全案完成後，市場給予我們很高的評價。當時全球半導體的景氣已在強弩之末，沒有人知道何時會發生變化，我們能在二〇〇〇年底，半導體景氣逆轉之前幾個月做成這筆資金募集，算是幸運的。

二〇〇一年，我與張董事長共同獲得在國際資本市場頗具分量的《投資人關係》雜誌（*IR Magazine*）頒贈「最佳投資人關係主管獎」（Best IR Officer）的榮譽，我想主因就是我們在二〇〇〇年完成了這筆募資交易。二〇〇〇年這一年，財務團隊完成了併購及募資兩個大案子，台積電得到足夠的資源，迅速擴充高端晶片的產能。二〇〇一年起，台積電逐漸甩開了聯電緊跟在後的競爭形勢，奠定了日後成為半導體霸主的業界地位。

當時的財務團隊主要成員包括何麗梅、黃仁昭、古台昭、王浩人等人，他們都是在一九九九年時我從外面招募來的人才。他們的加入大大增加了財務團隊的戰力，高盛的宋學仁曾說他很少看到如此整齊的財務團隊。經過這段日子的共同打拚，我們日後都成為情誼深厚的好友。

―建立ABC成本會計制度―

我在台積電引進一個「作業製成本制度」（Activity– Based Costing，簡稱

ABC），這其實是一個成本會計制度。我為什麼會引進這樣的一個會計制度呢？

一九九九年，為了因應當時即將到來的二〇〇〇年，也就是「千禧年」的來臨，幾乎所有電腦都會面臨所謂「千禧蟲危機」，許多電腦資訊設備都需要更換，而且是「可預期性」的，因此對於電腦晶片市場預期的需求很強勁。可是後來發現，也許這個需求被「過度預期」，有一部分電腦廠商一開始進貨進得比較多，到後來整個需求減弱，沒辦法再進貨，以致形成過多庫存，引發了二〇〇〇年年底時全世界半導體業的不景氣。

專業直覺嗅出問題所在

這次的半導體業不景氣，來勢洶洶，對台積電造成很大的衝擊。當時，台積電的生意還有一百五十八億元，產能幾乎滿載，不料，到了四月，訂單突然減少（一九九八第二季營收一百一十六億，比第一季銳減了四分之一），產能利用率也只剩下七五%，再加上認列了投資世界先進與美國 Wafer Tech 的投資損益，因而損失了八億元，讓台積電在一九九八年第二季的獲利只達成前一季的一半，毛利率也跟著下滑，各項財報數字都不怎麼好看。

景氣驟降，「節流」運動也就被迫開始。從一九九八年的七、八月起，在張忠謀的要求下，節流運動正式展開，我針對各廠的狀況，開出不同的縮減成本目標，馬上要求各廠壓低營運費用。其中一九九八年的研發經費，硬是縮減了五億五千萬，比起前一年，少了將近四分之一。

張忠謀董事長非常著急，每次開會都很嚴厲，想要知道獲利迅速下跌的原因是什麼，想知道下一個季度的獲利預測會是什麼？事實上，這也是台積電自成立以來，從沒有遭遇過的情況。所以，當時台積電的李姓會計長面臨了很大的壓力。

一九九八年年底，景氣降到谷底，到了一九九九年初，需求稍稍回升了，但營收回升，獲利卻沒有同幅度的上升，張忠謀就更加不滿，覺得沒有道理，懷疑是不是會計長搞錯了。但會計是個很死的東西，會計長處於一個百口莫辯的狀況，她從未遇過這樣的狀況，其實，當時全公司也沒有人可以說得出原因來。

這件事當時困擾了整個台積電，到後來，我直覺認為可能是我們使用的成本制度有點落伍，一定是在某個環節上沒有抓對。傳統的成本會計方法，顯然在景氣變動如此快速的情況下，並不適用。所以，我請朋友介紹了政大會計系的吳安妮教授，向她請教，因而得知「ABC」（作業製成本制度）這項成本會計制度。後來我定期每週兩次到政大，和吳安妮教授討論求教，為期將近半年的時間。然後，我根據這個「ABC成本會計制度」原則，請了一家顧問管理公司，為台積電進行實施ABC制度的相關規畫，他們建議要從工廠開始推行，但在一開始，各座晶圓廠都不太願意接受這項新制度，整個過程著實花了很長的一段時間。

後來，慢慢的開始有一個工廠願意實施ABC制度，等到執行了一年之後，他們發現，有了這項制度，讓他們在掌握成本以及編列預算上，變得輕鬆許多，然後其他各個工廠才開始跟進。

我當時花了不少時間研究ABC制度，覺得這項制度的很多觀念其實和個體經濟學有很大的關聯，在實務運用上，可以不拘泥於制度，僅採用它的推算法則來做成本推算分析。我後來用這個推算，列出數字給張董事長看，他才從這些推算的數字發現，為何之前會發生營收上升、獲利卻沒有跟著同幅度回升的真正原因了。我和張忠謀董事長單獨兩人在一個小會議室裡，我將整個數字的來龍去脈展開來，算給他看，看完之後，他終於看出真正的問題所在。從這一刻起，有很多年的時間，台積電在每一年的資本支出上，設立了一個比較嚴謹的審核機制。在這件事上，張董事長完全認同財務長所扮演的「踩煞車」角色。台積電也因此在往後數年，都能維持比較穩定的獲利。

台積電的公司治理之路

二〇〇一年下半年，我得到艾森豪獎的殊榮，於二〇〇二年應邀展開為期七週的考察。當時美國安隆案爆發不久，公司治理成了美國最熱門的話題。因為這與我的專業息息相關，我就選擇公司治理做為考察主題。安隆案牽連很廣，負責簽證財報的會計師事務所安達信（Arthur Anderson）因業務疏失而宣告倒閉，台灣最具規模的會計師事務所勤業正是安達信的分支機構，也陷入風暴，他們的競爭對手在旁虎視眈眈，企圖用各種手段奪取他們的客戶。當時勤業的負責人魏永篤會計師找上我，說外面傳言台積電已經決定要換會計師，希望我能澄清。我加入台積電前所服務的幾家公司都是勤業簽證，因此我對勤業的服務品質相當了解，當下我就告訴魏永篤，如此重大的決定必然要經過內部討論及董事會決議，我們並沒有在醞釀這事，請他不要緊張。勤業的風暴平息之後，每次有機會碰到魏永篤，他都不住的道謝。這只是一個小插曲。

被視為公司治理的意見領袖

安隆案的爆發讓張忠謀董事長感覺，台積電必須要走在其他上市公司前面，及早提升公司治理的作為。因此，他說服飛利浦及行政院開發基金分別讓出一席董事，並於二〇〇二年股東常會時選出三位獨立董事，其中兩位是重量級的外籍人士，分別是前英國電信執行長彼得・邦菲爵士（Sir Peter L. Bonfield）及經濟學家、麻省理工學院的梭羅教授（Lester Thurow），並於董事會下設立由獨立董事組成的審計委員會及薪酬委員會。我剛剛自美返國不久，有機會將考察心得與實務互相印證，頗有領悟。日後，我在報上發表了有關公司治理的論述，自此就被外界視為公司治理的意見領袖。二〇〇二年，富邦金控決定設立獨立董事，邀請我出任。我明白表示只願擔任美國式的獨立董事，亦即不會當橡皮圖章，蔡明忠董事長欣然同意。沒有料到的是，此舉竟然種下日後我出任台灣大哥大總經理的遠因。

台積電尤其注重資訊的透明化，為了達成即時向投資人揭露經營成果的目的，台積電在設立獨立董事之前，就已經建立每季舉辦投資法人說明會的慣例，這個說明會是台灣資本市場的大事，會場總是擠滿了媒體及各法人機構的分析人員，張忠謀董事長必定親自出席，說明他對近期景氣的看法，以及回答現場提問。通常是我陪同他坐在台上，扮演支援者的角色。舉辦法人說明會的同一天晚間，財務團隊會與國際投資機構舉行一場電話會議，幫助他們了解當天下午會議的內容，以及回答他們的問題。

日積月累下來，各投資機構對於我們所提供的資訊都高度信任，台積電的股價也因此穩步上揚。在台灣上市公司中，台積電是頭一家徹底執行資訊透明化的上市公司，到後來其他的大型上市公司才開始仿效。我離開台積電後到了台灣大哥大，也採取同樣的資訊公開政策，贏得市場一片好評。台灣大哥大的總市值，也在獲利並未明顯上升的情況下，在十八個月內就成長將近一倍，這一方面證明了資訊透明有它的賣點，另一方面，也是因為我的台積電經驗，讓機構法人對台灣大哥大的公司治理有相當的信心。

站在決策者的位置思考全局，力陳專業見地

進入台積電工作的這段期間，我與張忠謀董事長建立了非常好的關係。我是公司內極少數膽敢進他辦公室提出不同意見的高階主管，不論他是否同意我的看法，我們之間的互動良好，讓我感覺受到尊重。這其中的原因之一就是我學著在心中多一點謙卑，遇事放下自己的觀點，先想想張董事長的觀點會是什麼。我所說的是思考一件事情的角度，這與俗稱的揣摩上意有所不同。揣摩上意是自行假設上級的期待，照著去做來取悅上級，而我並非如此，當我學會如何用老闆的邏輯想事情，再加上我的專業知識，即使看法有出入，我們的溝通也暢順無阻。有時候他也會跟我聊聊政治或私人話題，我相信這些話題是我們獨有的，我們之間的關係可以說是比

較特別。

我在台積電的後半段，擔任公司發言人期間，有時候張董事長在外面的發言，媒體來電追問，我多半都能在沒有請示的情況下就澄清記者的問題，很少偏離他的原意。張忠謀是企業強人，眾所皆知他的領導風格是強勢的，跟在這樣一個強者的身邊卻能建立這樣的關係，確實是一段值得懷念的職場回憶。像這樣的際遇，一輩子能遇到一次已屬難能可貴。然而，這樣的工作環境也有它的缺點，猶如在旁觀看棋局，即使皆是高手對弈，看久了還是會手癢，心裡逐漸動了想要再次出山，自己當家的念頭。

台積電敦聘外籍重量級人士出任獨立董事，引起了企業界的矚目，也被許多企業家視為典範，其中一位就是富邦金控的蔡明忠董事長。我與蔡明忠、蔡明興兄弟兩人相識多年，但是沒有太多的交往。二〇〇二年，蔡董事長決定在富邦董事會設立獨立董事，邀請我出任獨立董事。過去台積電高階主管從未有在關係企業以外的公司擔任董事的例子，但當我向張董事長請示時，他卻認為能應邀到大型企業擔任獨立董事是一件好事，同意我出任。我向蔡董事長表示同意時，特別強調了一件事，就是我的獨立性。隨後在擔任獨立董事的第一年，我在好些重要的議案，如備抵呆帳的提列比例、會計師的查核過程等，都要求更詳盡的說明。就我而言，我只不過是善盡獨董的職責。富邦管理層對我的看法非常重視，也與我維持良好的互動關係。

二〇〇三年，台灣最大的民營電信業者——台灣大哥大，經營權發生變化。富邦蔡家取代了孫、李⑦二人，拿下了該公司的經營權，轟動了整個市場。蔡明忠特別到我辦公室看我，當面跟我說明整個事件的來龍去脈，保證他們沒有動用富邦金控的資金，希望做為獨立董事的我放心。我聽完蔡明忠的解釋之後，隨興分享了五年前在和信電訊時的經驗。沒想到他第二天就打電話給我說，由於台哥大董事長及執行長同時離職，他正在為執行長人選傷腦筋，跟我談過後想了一下，決定徵詢我

注⑦：當時台灣大哥大董事長為孫道存，副董事長暨執行長為李大程。

是否有意願出任台灣大哥大執行長。對我而言，這是完全沒有料到的事，我從來沒有想到有一天會重返電信產業，尤其是以排外聞名的台灣大哥大，但是我知道電信產業深具發展潛力，也許對我會是一個機會，因此我答應考慮幾天。

我立即透過管道，取得外資證券研究部對台灣大哥大的報告，了解了公司的問題出在哪裡，覺得我應該有能力改善外資所詬病的幾個問題，於是正面回應蔡董事長。接下來的難題是如何向張董事長報告而不惹他生氣。我約了時間到他台北的辦公室，當面說明事情的原委。張董事長聽完之後並沒有生氣，而是用最和善的態度了解情況，同時挽留我，希望我再考慮。我表示，過去幾年我在台積電已經建立了一個高效能的財務團隊，接任人選沒有問題，公司可以放心。最後，張董事長接受了我的請辭。原本雙方約定保密至七月三十號下午同步發布新聞稿。不料，七月三十號早晨，《經濟日報》搶先一步以頭版頭報導我將接任台灣大哥大執行長。這到底是科技界的大事，外界也充滿好奇。我也於年底因此獲選為《工商時報》當年度十大科技風雲人物第一名，為我在台積電的歲月劃下完美的句點。

第八章

扭轉乾坤：重振台灣大哥大

十月一日上午，我召集我的團隊，宣布我將於年底卸任的消息，我引用《聖經》裡的話：「那美好的仗我已經打過了」做為我簡短談話的結語。話說了一半時，我的眼眶已經泛紅，情感上確實有些難捨這群夥伴。次日，兩大財經報系都以顯著篇幅報導這個消息，除了表示意外，也對我過去七年的貢獻諸多肯定。

將軍的最後一役

我於二〇〇三年八月接掌台灣大哥大，當了五年多幕僚後再度執掌兵符，心中有幾分興奮，也有幾分惶恐。當時有一位大華時期的老同事說：「張總，你真的好勇敢。」我的心情則是，我已經年過半百，再過幾年就要考慮退休的事了。因此，這應該是我最後一次承擔這麼大的責任。既然是我的告別作，我期許自己此役只能成功，不能失敗。因此，媒體採訪時，我形容自己的心情有如將軍的最後一役。

下馬治天下，大力整併事業體

記得正式接任的頭一天，蔡明忠董事長召集公司一級主管開會，也正式介紹我跟他們認識。我雖然曾經籌設和信電訊，但距離當時已經是五年前的事了，電信產業的改變快速，我可說是對產業近況相當陌生。但是我對電信圈的生態仍有幾分了解：電信圈的人比較封閉，喜歡對圈外人賣弄專業。因此，我第一次對主管講話時，心中就打算開門見山，不說客套話。我一開始就問在座者有多少人看過《誰說大象不會跳舞》這本書？接著說，如果沒有看過，請你趕緊買一本來讀，因為從今天起我永遠都不要聽到在座的任何人告訴我：「總經理，你不懂！因為你不懂電信。」如果我不懂，是你在溝通上沒有用心，你有責任向我報告時，幫助我了解你主管的業務。

《誰說大象不會跳舞》這本書出版於二〇〇二年年尾，作者是前美國ＩＢＭ公司執行長葛斯納（Louis V. Gerstner），談的是他任職期間的故事。九〇年代中期，ＩＢＭ在面臨轉型的黑暗期，可以說是在風雨飄搖之中，原擔任食品業執行長的葛斯納臨危受命，成功翻轉了ＩＢＭ的命運。台灣大哥大當時雖因公司治理不彰而發生問題，但本業的營收及獲利是好的，因此公司的高階主管都相當自負，認為我接任的安排是外行領導內行，為了改變他們這個偏差觀念，我首次見面就下了猛藥，用意在正告他們，過去「馬上打天下」的經營模式將成為過去式，今後的台灣大哥大將走向「下馬治天下」的管理模式。

除了台灣大哥大，我也同時兼任位於南台灣的泛亞電信總經理。我仍然記得當時在泛亞總經理交接儀式上，卸任總經理在會場時掛在臉上的表情，告訴我他等著看我日後手忙腳亂的好戲。但是，泛亞其他主管的心態並非如此，他們對我雖然有很多的好奇，卻展現了願意合作的態度。其實這就是企業文化的不同，泛亞被台灣大哥大併購之前，是由美國的西南貝爾電信主導經營，因此有外商公司的色彩。而台灣大哥大的經營模式則有幾分草莽氣息，兄弟們大碗喝酒，大口吃肉，因此多位主管對於一夕之間老闆換了人的突發狀況內心有些抗拒，想要贏得他們的接納還要下功夫。

我到任後的首要目標就是財務瘦身，台灣大哥大的財報過於複雜，所謂瘦身就是簡化公司的資產結構，提升財務透明度。我挖角華邦電子財務長鄭慧明出任台灣大哥大財務長，鄭慧明對數字掌握的能力非常強，在外資圈也頗負盛名，正是我此時需要的幫手。我也不斷遊說我的「大弟子」許婉美歸隊，擔任我的幕僚長。許婉美當時在國泰金控擔任財務長，國泰蔡宏圖董事長不願放人，加上蔡明忠與蔡宏圖是關係友好的堂兄弟，讓蔡明忠的處境有些尷尬。然而，在我鍥而不捨的遊說下，許婉美終於在年底獲准離職。當時，蔡宏圖問許婉美為何堅辭，許婉美說：「因為是我的師父叫我去，我不能不去。」這句話打動了蔡宏圖。

關於此事，我非常感謝許婉美的全力相挺，也非常感謝蔡明忠對這事的包容。容我把時間往後推幾年，有一天在某個飯局上，蔡明忠說了一句：「當年我不太能理解，為什麼你一定要許婉美從國泰金控過來，讓我碰到我的堂哥時都有點不好意思，現在我完全了解了，許婉美真的是一個可以信賴的好幫手。」許婉美、鄭慧明與我在當時形成鐵三角，許多財務工程在我們聯手下迎刃而解。

財務瘦身的另一個重點，就是改善公司的資產負債結構。因為我們持有三億七千餘萬股的中華電信股票，這些股票的市值超過一百五十億元，當初公司投資資金來自於銀行借款，以致公司的負債比率偏高。中華電信是績優的藍籌股①，也就是

注①：藍籌股又稱績優股、權值股，指市值大、公司經營者可信任、市場認同度高的大公司的股票。

說，這些股票的品質沒有什麼問題。但是當我們持股的金額高到不符合比例原則時，外資就認為這不是好的公司治理，也扭曲了他們投資台灣大哥大的本意，因此紛紛降低對我們的持股，對我們的股價傷害很大。降低手中的中華電信持股是一項頗具規模的財務工程，幸好蔡明忠董事長相當支持這件事，我們才得以逐步完成。經過這些調整後，我們帳上的現金快速增加，而負債大幅降低，台灣大哥大在市場上的評價已有藍籌股的架勢，外資持股比例已由最低點的八％躍升為二五％。

除了致力於推動財務瘦身，我們也看出公司的問題比預期的更為複雜，需要大刀闊斧整頓。首先，公司有二、三十個轉投資事業，疊床架屋的情況嚴重，其中又以分別承包了母公司工務、資訊及手機配銷業務的弘運科技、精碩科技、台灣電店三家公司的問題最為嚴重，母子公司間的轉撥計價沒有明確的規則，極易形成利益輸送。為了簡化這個轉投資的結構，進而提升透明的程度，我們一口氣關掉了二十多家轉投資事業，大幅增加了公司的資訊透明度。

其次，經營策略上有一個重要的問題，就是市場占有率與營業利益衝突時，何者孰重？這個問題引發了內部的激辯。原經營團隊認為總客戶數是最重要的指標，但我認為客戶的質與量必須並重，否則，我們若有大批實際上沒有貢獻度的客戶，不僅徒然增加公司的營運成本，也會壓縮可分配於優質客戶的資源。這個經營策略的改變，勢必讓公司的營運模式有很大的調整，我們加大了對優質客戶的貼補，以便留住這些高貢獻度的客戶。當時負責行銷的最高主管，十分不以為然，在內部會議中以抗議的口吻表示：「你們這樣做，會把公司愈做愈小。」我不以為意。半年之後，我們發現總客戶數的確減少了，但我們的總營收並沒有降低，代表我們營收的體質顯著的改善，這個現象得到機構投資人的肯定。我們的股價也隨之上升。當時某財經雜誌寫了一篇報導，標題是「台灣大哥大變法，市場鼓掌內部不捧場」，相當程度反映出公司內部意見雖有分歧，但外部都十分肯定。

併購東信，躍升業界第一大

電信業者間的競爭非常激烈，我接任初期時，台灣大哥大排名第二，遠傳排名第三。遠傳隨後併購了和信，規模開始接近我們，更是卯足全力窮追猛趕。不但在廣告宣傳上亦步亦趨，甚至三番兩次對媒體調侃我們是「小哥小」，我於是透過管道正告遠傳高層，只要我再一次聽到他們說「小哥小」，我也會還以顏色，開始在媒體上調侃他們的名稱，這才讓他們停止。這個例子可以反映出當時雙方的針鋒相對，我們的亞軍保衛戰打得著實不輕鬆。

若想要拉開兩家公司的距離，單憑一點一滴的累積客戶數，恐難達到目的，下一個戰略就是藉併購同業來提升規模。我們決定出奇制勝——併購位於中台灣的東信。

這個收購案的策略目標在吸收東信的客戶，擴充我們在中部地區的客源。其實遠傳早已於二〇〇〇年九月透過大股東遠東紡織，取得東信四·二五%股權，插旗東信，但雙方未積極洽談併購。二〇〇四年六月，我們以迅雷不及掩耳的速度，與東信董事長黃茂雄簽下收購東信六七%股權的協議，氣走了遠傳電信。這個併購案的金額不算太大，但是引起業界及媒體的矚目，因為如果把台灣大哥大與東信的行動通訊客戶數加起來計算，總數已達八百二十二萬，超越了原本排名第一的中華電信客戶數。

未料，事後遠傳高層卻對於我們完勝收購東信一役，令其措手不及，耿耿於懷。即便後來我們已按企業併購法併入東信，遠東集團仍以併購價格偏低興訟，全案纏訟八年，最終依舊敗訴，二〇一四年由我方取得勝訴。

—3G開跑—

設計透明化的競標規則，掌握廠商合理底價

除了處理幾個經營上的議題，我這個不懂電信技術的總經理也必須面對一個重要的考題，那就是有關於系統升級為3G的決策。提供3G服務是各電信公司的服務藍圖，但「怎麼做」才是重點。電信設備昂貴，一套全新的系統至少上億美元，馬虎不得。我回想起五、六年前在和信時的經驗，決定親自主導這個採購案。

3G最大的功能在提供快速的數據通訊，但由於國內各電信商都沒有提供數據通訊服務的經驗，各家都有先觀望的心態。此外，3G的信號傳輸已晉級為數位傳輸，因此設備及技術也較為複雜，如何在採購上精打細算也是一大挑戰。

台灣大哥大的2G設備採購自德國西門子公司，西門子自然會認為他們先天上

有優勢。然而，當我們想要深入了解過去的採購案例時，卻找不到多少資料，無法借鏡前次的經驗。這對我而言，實在有點匪夷所思。怎麼可能帳上逾百億的固定資產下面沒有細分的子科目？我們的會計主管平時表現都有一定的專業水準，不應該會如此粗糙處理帳務，難道其中有不可告人的祕密？

當下我念頭一轉，縱使公司裡沒有明細帳目，我們的供應商總該有吧？沒想到，我們的供應商就我們的需求回覆說，有關過去的採購，他們僅能以一問一答的方式提供資料，不能提供過去成交的整套資料，令我百思不解。既然他們的配合度這麼低，我相信開放給幾家知名度高的電信設備商自由競爭，是天經地義的事。

任何大型的採購作業標準程序，都是以發出投標說明為起點，這可以是公開標，亦即任何廠商都可以來競標，也可以是限制標，亦即僅限接到邀請的廠商參加競標。這次採購的 3G 設備極為複雜，不是一般廠商可以吃得下來，所以我們只邀請幾家國際大廠參與，邀請書中也把遊戲規則說得一清二楚。過沒多久，我開始意識到電信採購的複雜性。我們雖然已經清楚說明報價程序，偏偏就有廠商不按遊戲規則進行，私下另外報價，而且報價內容非常複雜，例如，總價以外另外贈送若干年免費維修，或是贈送幾百套零組件，內容五花八門，看得我眼花撩亂。總而言之，就是不願意直截了當用透明的方式報出總價。我同時也接到不少匿名黑函，指控某家廠商勾結公司同仁等等。這些看似出給我的難題反而幫助我下決定，不隨著廠商的音樂起舞，採取最簡單的透明方式處理競標過程。

從採購案正式對外公布的第一天起，我的辦公桌天天都不平靜。三不五時都會收到匿名的黑函，一次、兩次，我還覺得不必在意，但是到了第三、第四次，我已明確感受到，這案子應該不單純。

由於這項採購案總額高達數十億元，各廠商都是志在必得，我乾脆重新訂定遊戲規則，設法讓廠商「真正的底價」，一次攤在陽光下。

第一步是讓三家積極競標的A、B、C廠商，先各自寄一份有「密封的報價」的信件來給我。當然，既然要攤在陽光下，我堅持要拆開每一封廠商送來給我的「密封的報價」信件時，一定要有三位以上的台灣大哥大相關主管「共同見證」，一起拆信看報價。

真正的關鍵，其實在於如何找出整個系統標案的「真正底價」。透過三家廠商私下提報給我的每一項價格，同時再將三家廠商的每一個細項，彼此交叉比對；很快的，什麼才是這系統採購案「真正底價」的範圍，已隱然浮現。

誇張的是，其中一家廠商在決標日前一天的私下報價，竟然比原密封報價，整整低了將近二〇％！通常一個採購案，以最低價者得標，但是，我認為對整件事不能只看表面這個價格。

表面看起來便宜的東西，往往真正的價格最貴。電信產業的特色之一，在於一開始採用的系統，將深深影響未來該電信業者長期的競爭力。初期以超低價搶標，一旦系統規格一定案，未來所有的零配件、主機板等等，全部都得採用同一品牌，很難替換，而供應商未來如果刻意提高價格，我們沒有議價的籌碼。這是我從和信時期學到的教訓，我不能再繳一次學費。

在這次的遊戲規則裡，我下的第一步棋，是讓三家供應廠商，決標前單獨向台哥大亮底牌，讓我能評估出「合理的訂價」，推敲出哪一家廠商報價較誠實，哪一家在報價欄目表裡，暗藏玄機。走到第二步，台灣大哥大開始反守為攻，就他們各自提出的報價，和我一對一議價。

過程中，我製訂了一套議價規則。我將三家廠商都找來，開宗明義告訴他們，這次議價的遊戲規則：

首先，在台灣大哥大總部裡，我安排了三間會議室，三家廠商分別在不同的會議室內等待。然後，我所帶領的議價小組一家一家進到會議室內，跟廠商議價。第一家議不成，就換第二家、第三家，直到我談到我要的價格為止。重點是，我不會告訴廠商，我自己口袋裡議價的順序。也就是我不會讓廠商知道，你是我議價過程中的第幾個議價對象。你有可能是第一家，也有可能是第三家。

議價的時間點，落在下午二點到五點之間，我有可能兩點就來敲會議室的門，但也有可能四點半才出現，甚至可能從頭到尾不出現。就算我進了會議室與廠商面對面，他們也完全無法得知，現在他們究竟是我規劃的議價名單中排序第幾的廠商。

議價當天，我先挑選了資格分數最高、同時報價也符合我心中「合理的訂價範圍」的廠商，優先議價，然後開門見山告訴他：「按照我的估算，其實你的報價還有下降的空間，你，要不要把價格降到我們的目標？」想當然耳，對方廠商一開口就喊苦：「可是，這個價格已經是最低價了，我們真的不能再降啊……。」

「我現在給你一個價錢，同時給你二十分鐘考慮：『你要？還是不要？』你不要，我現在就找下一家廠商去；你要，這個標案，就是由你得標！」我說。當下只見對方立即請求：「你可不可以給我半個小時，就半小時，我去打電話給公司總部，爭取能不能降到這個價格。」「好，那就半個小時吧！」我輕鬆自在的答覆。

半個小時後，對方給了我肯定的答覆，這場招標案就此定案。

整個競標程序耗時了兩個多小時，我們隨即把競標結果通知還在現場的其他兩家未中選的廠商。其中一家除了表示失望之外沒說什麼，但另一家的總經理立即衝到我辦公室，要求我再給他一個報價的機會。我當場說明，根據我們的遊戲規則，競標程序已經結束，我只能拒絕他的要求。但他仍不死心，坐在沙發上說，如果我今天不再給他一個報價的機會，他就坐著不走。我告訴他：「你今天要坐著不走，我也不好趕你出去，你想坐著就請便，但是我這兩天為了準備開標的事累壞了，再過五分鐘就要下班休息，不能在這裡陪你。」聽到我的回應，他才悻悻然離開。

出奇制勝，搶先試營 3G 服務

3G 的啟動時點是一個困難的題目，因為當時市場上賣相佳的 3G 手機不多，我們擔心在消費者沒有太多選擇的狀況下，願意更換手機使用 3G 服務的用戶恐將不會多。3G 設備昂貴，一旦啟用後，公司就要按月攤提折舊費用，是相當大的財務負擔。就生產手機廠商而言，他們等待的是用戶人數達到一定規模，再推出新款手機問市，這是一個「雞生蛋還是蛋生雞」的難題，沒有人知道答案。

正因如此，各家電信業者雖然早已在二〇〇二年就分別取得執照，在建設通訊網站上卻是按部就班，並不積極推動。二〇〇五年初時，外界都猜測第一家開台會落在十一月左右，而台灣大哥大可能會是最後一家，我採取出奇制勝的策略，搶先在五月宣布開始試營運。這個策略的重點不在爭奪第一批喜歡新科技的使用者，而在凝聚公司同仁的向心力，訂出一個大家共同努力的目標。

事後來看，這是一個成功的策略。因為自我接任以來，我們的總客戶數減少了兩百餘萬，亦即由六百八十萬戶降為四百七十萬戶，但是我們每季的總營收並沒有下跌，始終維持在一百一十餘億元。換句話說，我們的客戶貢獻度大幅上升了三〇%以上，這樣的成果符合我的預期。然而，習慣單看客戶數的同業未必贊同我的做法，尤其是因此而受到影響的通路業者，對我們有不少負面的臆測。藉著率先推出３Ｇ服務，我們擺脫了過去一年來，通路對我們業務有點停滯不前的印象，大家都感受得到我們邁開腳步向前走的決心。

企業文化大革命

經過一年多的財務及客戶瘦身，公司的體質已經呈現顯著的改善。外資最關注的客戶貢獻度，已由我到任前一季時的每戶五百五十元增至每戶七百五十元。這個可喜的趨勢如果能持續下去，對公司的營運及獲利都會有很大的助益。但我們要如何維持這個趨勢？答案就在客戶的拆機率以及2G／3G轉換率。只要既有客戶對我們有忠誠度，不論2G、3G都願意繼續使用我們的服務，客戶數就會持續增長。我們在客戶貼補的資源分配上，過去一年多已經做了合理的調整，接下來該做的，就是在較難量化的服務品質上提升。我深信只要我們的服務品質到位，台灣大哥大這個品牌就能贏得絕大部分客戶的忠誠度。

我七、八年前還在和信電訊時，就對客戶服務這個議題很感興趣，曾經看過不少相關書籍，心裡也開始有些想法。當時我發覺自己有一個有趣的現象，就是我在服務這件事上看法愈深入，在外面遇到服務不佳的狀況時就會愈在乎，過去可能不會計較的事突然覺得重要，情緒上也比較激動，並且會要求對方立即改善。我想之所以如此是因為我開始對服務有熱情。來到台哥大是實踐我過去理想的好時機，我要好好把握。我首先想到的，是引進一家專注於提升服務品質的英國顧問公司Forum協助我們。經過幾次會議，我得到一個重要結論：服務不是僅有公司第一線對外人員需要學習的事，而是公司每一個人的事，服務的觀念不是一種技能，而是企業文化。因此，從我開始，全公司的人都必須接受訓練。推行這樣的訓練對公司會有衝擊，所以要選對的時機。

我經常在內部的會議中闡述我的經營理念，希望與會的主管能適時轉達轄下同仁，但這個傳播方式未必有效，所以我決定採取新的溝通方式。

首先，我每個月寫一篇「總經理的話」，就我的經營理念逐一說明，公布於公司的內網。接著，我每個月挑一個下午，邀請十餘位中階主管喝咖啡，跟他們就公司的決策直接溝通。這兩個方法收到了正面的效果，較多的同仁能夠獲得第一手資訊，以及近距離接觸我的機會。

二〇〇六年初，我感覺公司營運已趨穩定，應該可以推動下一階段的變革。於是我用了一個聳動的名詞，在一場大規模的主管會議向全體同仁宣告，我即將在公司內掀起「文化大革命」。其實我不是要掀起人事鬥爭，而是要建立真正以服務為中心的企業文化，也就是公司每一位同仁在處理業務時，都要想到自己負責的環節對使用我們服務的客戶有什麼影響。我從國外請來顧問公司，為我們規劃了一個三天的「Excel Customer Experience」訓練課程，分成幾十個梯次舉辦，要求每位員工都要參加，目標就是要「創造客戶滿意的使用經驗」。講習中，我們每個員工都發一本「台灣大哥大品牌故事書」，闡述公司的四個核心價值：化繁為簡、創新思維、熱情洋溢、誠信處世。

這幾十場訓練講習收到很大的效果，打破了各部門間的藩籬，客戶經驗成了大家共通的語言。為了加深同仁的認知，我曾在業務檢討會議中親自以實例示範。當時會中有人報告，某位優良客戶因為買不到藍芽耳機，希望我們幫忙，但是我們也正缺貨，我聽了立即回辦公室，拿了自己尚未使用的藍芽耳機交給這個同仁，轉贈客戶。

另一個案例是，有位在台南的優良客戶，來電抱怨我們的收訊品質，電話中提到跟我是小學同學，意味著如果不能改善，他要直接找我。我跟這位同學已經三十多年未曾聯絡，但是聽到報告後，我隨即親自打電話向他致歉，他接到我來電時嚇了一跳，還以為是有人開他玩笑。這些小故事在員工間傳開、發酵，也起了很好的作用。為了鼓勵同仁分享自己如何創造客戶最佳使用經驗的案例，我設置了一百萬元投稿獎金，凡是投稿分享的同仁，都發給三至五千元的獎金，讓大家體認到我是百分百的認真，而不是喊口號，ＥＣＥ逐漸成為企業文化的一部分。往後數年，外界在電信業客戶服務滿意度調查的結果，台灣大哥大經常名列第一。

推出「在地生活」資費方案，業界爭相仿效

當年度發生的另一件大事，是「在地生活」資費方案。這是一個真正從客戶的觀點出發的資費方案，打破了電信業的傳統思維。「在地生活」問市時，我們的競爭對手都以不屑的口吻發出新聞稿，嘲諷我們了無新意，但是數個月後卻紛紛模仿。

為什麼同業會嘲諷我們？傳統的電信計價思維皆是以成本為計價的基礎，因此收費標準是網內網外分別計價，就業者而言，這是一件非常合理的事。但是當客戶撥打一通電話時，他未必知道撥打對象的號碼究竟是網內，還是網外，客戶如果想要控制自己的電話帳單支出是有困難度的。「在地生活」資費方案改變了收費的方式，是以撥打電話時的所在地為計價的基礎。舉個例子，如果你選擇北台灣為你的生活區，你在其中撥打電話的費率是最低的。你出了生活區，到了中台灣時撥打電話的費率就會貴一點。這樣的方式幫助客戶控制自己的預算，是第一個完全從客戶角度計價的資費方案。

傳統電信業者會認為這樣的做法是慢性自殺，卻忽略了客戶的正面回應可能帶來的額外營收。這個方案推出前，在公司內部也引發激烈的討論，我們花了許多時間凝聚共識，雖然沒有辦法讓主管一致同意，但超過八成的主管贊成實施時，我決定勇敢的邁出這一步。「在地生活」的推出贏得外界一致的好評，也讓其他業者火速模仿跟進。此時，公司內部已經沒有人心裡想「因為你不懂電信」，這是公司文化非常大的改變。

一公司治理大變革一

我接任之前台灣大哥大的公司治理，可說是乏善可陳。公司雖然已經掛牌上市，但是仍然像個家族企業。不論在內控制度的設置、董事會的獨立性以及重要資訊的揭露，都是後段班的學生。我接任之初，首先著手改善資訊透明度，開始按月公布當月包括營收金額在內的重要營運指標，並親自接待重要外資訪客及定期出席券商舉辦的國際投資論壇。這些公司從未有過的做法，得到機構投資人高度的肯定。

破除人治色彩

記得到任那年的初冬，我飛到紐約參加一場投資論壇演講，次日台灣大哥大的股價就大漲。公司有些人以為我刻意在演講中釋出利多消息刺激股價，其實我什麼消息都沒有透露，只是闡述了我的公司治理理念以及未來的改善方向。電信業一旦達到經濟規模，穩定的獲利應屬可期。過去未獲外資青睞，主要是資訊不透明，讓投資人有所顧忌。

此外，過去多年的經驗讓我深信，權責分明對一個組織的效能有很大的影響。這次再度當家，我一開始就全力推動董事會與經營團隊的良性互動，這並不是把董事會當橡皮圖章，而是希望董事會扮演的不是主導公司經營，而是審議及監督的角色。因此，董事會的獨立性非常關鍵，我建議在九席董事會席次中設立四席獨立董事，並成立審計委員會及公司治理委員會，獲得蔡明忠董事長的採納。這套機制也確實發揮了功效，董事會議事時，我們可以坦誠的就事論事，獨立董事在許多議題上都有很深的參與。

當時的薪酬制度也十分混亂，某些高階主管可以在關係企業掛職，支領雙薪或三薪，以致部分主管的待遇遠遠超過市場行情，薪資全取決於當時公司決策者的個人好惡，沒有章法可言。我對這件事的處置可說得上是近乎矯枉過正，所有主管的薪資全部重新核定，核定之後各人都只准支領一份薪水，兼任董監事者只能領交通津貼，不得支領董監酬勞。此外，公司主管的配車過於奢華，全部改為豐田二〇〇〇CC轎車。這些措施的確有點一板一眼，但若不是過去的管理失當引發太多問題，我也不需如此雷厲風行。此外，公司員工分紅的分配方式，過度集中於少數人，我隨後也大幅調整分配公式，高階主管以下表現優異的同仁所得到的分配，都遠大於過去齊頭式的平等對待。這些做法在同仁間傳開，破除了過去的吃大鍋飯心態，特別是對中階以下的主管意義重大，也加深了同仁對公司的向心力。

不僅薪酬沒有什麼制度，公司的內控機制也是付之闕如。電訊公司每年都有大量的採購，但公司的採購部門只有兩、三個人，唯一的功能是下訂單給廠商，其餘都由使用單位包辦。當我詢問為何如此沒有制度時，得到的答案是，高層指示「沒有制度就是最好的制度」。

另一個例子是基地台址的租用，公司在全台租用上千個放置基地台的位置，完全由工程人員一手包辦，我們發現許多弊端：其中有些地點的租金高於行情甚多，原來是承辦人員先把地點租下，再加價轉租給公司。甚至有些地點的租金已經付了一、兩年，但根本沒有裝基地台。這些怪現象所以會存在，就是因為沒有相互勾稽的內控制度。我們花了一、兩年的時間，檢討全公司作業流程，才徹底修正了這些缺失。

整頓轉投資事業

一、弘運科技

弘運是台灣大哥大和台灣固網共同投資的公司，負責台灣大哥大的網路系統建置及維運。我對這樣的委外方式十分不以為然，客戶的通話品質可以說是我們維持客戶關係的命脈，加上網路系統（含數千個基地台）的成本占總營運成本相當大的比重，我們不能直接掌控這麼大的支出，絕非長久之計。

此外，我們在規劃 3G 採購之初，原以為可以從弘運取得當年建置 2G 系統的成本做為參考資料，沒想到弘運竟然無法提供。理由是他們接手時就沒有成本細目，因為過去的帳本都已經銷毀了。這種說法實在是不可思議，我們別無他法，只能儘速脫離這樣的合作關係。

由於台灣固網是弘運的絕對大股東，我們僅持有二五%的股權，只能按著合約逐步結束委託關係，同時接收四百二十位原本在弘運掛職處理台灣大哥大業務的工程人員，將他們納入公司組織體系。這些改變完成後，我們才開始掌握整個工務系統，以及下一階段3G系統的規畫及採購。公司的網路管理才走上正軌。

二、精碩科技

精碩是台灣大哥大的子公司，主要負責台灣大哥大的資訊系統及帳單處理事項。原本的立意應是藉此專業分工提升效率，進而達到降低成本的目的。然而，我到任之後發覺，精碩在客戶帳單處理向母公司的收費上似乎偏高，深入分析其成本結構後，發覺其中疑點重重，於是展開調查。

當時台灣大哥大有六百餘萬個客戶，每個月都要列印及寄送帳單，這是一筆可觀的支出。我們首先發覺，精碩的帳單用紙量高於業界正常用量的三成以上，精碩的主管認為我們不熟悉業務，企圖矇混過關，但未能騙過稽核人員，稽核對比進貨序號後發現，該主管係以篡改進貨單方式虛增進貨成本，再指示倉管人員虛增原料倉儲數量，嗣後再以廢料名義報銷成本，整個過程可說是膽大妄為。單是用紙成本的虛增，每年就接近兩千萬元之譜。當我們質問倉管人員，為何不舉報如此不合理的指示，得到的答案是，該主管說是來自高階主管的授意，所以不敢多問，只能聽命行事。倉管人員的說法讓我覺得真的是上梁不正下梁歪。

其次，精碩所購置的印刷設備產能，是實際所需使用量的三倍，有大量閒置產能造成不必要的折舊攤提費用。我們一方面追查相關人員的責任，一方面探討降低成本的方案。經過對外詢價之後發覺，如將帳單委外印製，所發生的成本將大幅低於目前精碩對台哥大的報價。此外，如果能將帳上的印刷設備轉售委外服務的單位，可以節省相當大的折舊費用。

決定處理方向後，執行過程卻是困難重重。原先有意承包印製，並承購印列設備的廠商臨時縮手，讓我們有點錯愕。經過深入訪談後發覺，自己公司中竟然有高階主管涉入其中，讓廠商心存顧忌。直到我出手消除了這層顧慮後，廠商才積極配合。雖然遭遇這些波折，但在一切透明，讓數字說話的指導原則下，接手人員終於順利完成我們設定的目標。順利委外之後，台哥大的帳單處理成本大幅下降為原成本的一半，每年節省約五千萬元之多。成功處理精碩案，不僅有良好的經濟效益，更讓台灣大哥大的員工體會到我在公司治理原則上的堅持，對於端正公司的風氣也是很好的示範。

回憶這段歷史，我非常感謝蔡明忠董事長給我的支持，雖然他也面臨很大的人情壓力，但是並沒有插手介入，讓我可以放手處理。

三、台灣電店

台灣電店是台灣大哥大的轉投資事業，主要負責台灣大哥大的通路管理以及手機配銷。電信自由化之初，中華電信的通訊品質還不到位，同時又錯估消費者對手機的需求量，市場上出現一機難求的現象。當時台灣大哥大以及時供應新型手機為號召，搶走了大量客戶，在市場上迅速崛起。但數年之後的競爭環境已經改變，中華電信痛定思痛，急起直追，手機的供應已不再是爭取客戶的關鍵因素，公司過去的管理模式面臨挑戰。

手機的供應鏈營運十分複雜，必須考慮到上下游各環節，其中有不少陷阱。電信門號經銷商或加盟店「洗手機」[②]是每天都可能發生的事，稍有不慎，我們就會發生損失。手機進貨數量的拿捏也是一門學問，如果進貨量不足可能會失去新上門的顧客，但若是銷售不如預期，就會有存貨跌價損失的風險。因此，台灣大哥大應否繼續將手機採購業務委由台灣電店處理，必須重新檢討。

舉例而言，如果一年採購十萬支手機、而每支成本降一千元，每年就可節省近億元成本。此外，當年台灣大哥大為爭取加盟店，給予加盟主認購台灣電店股票的機會。由於台灣電店獲利甚佳，股票在地下市場的價格曾經被炒到每股兩百元，對我們有如坐在一個不定時炸彈上。

調整手機供應鏈是一個龐大的工程，涉及公司整個行銷及客服的流程，若處理不當，嚴重影響公司的商譽，但若能妥善規劃，不僅可望壓低公司在手機採購的成

注②：拿了人頭帳戶，不將手機直接賣給消費者，而是洗到國外。

本，消除配銷過程中可能的弊端，亦可大幅降低手機的存貨風險。我們手機可能委外的消息傳出，國內三大手機經銷商都積極爭取，經過好幾輪的討論，我們最後選定聯強為我們的策略夥伴。當時有人認為我們在策略上犯了大錯，但事後回顧，我相信這是一個明智的決定。

打消百億資產

我接任前的台灣大哥大，財務報表蒙著一層面紗，雖然獲利金額良好，但不論是資產負債表或營運資訊都缺乏透明度。我接任之後，不僅率先按月公布重要營運資訊，在法說會呈現的資訊也相當完整。這些做法讓我們的競爭對手感到壓力，也不得不跟進，我們也因此有機會獲悉較多競爭對手的營運資訊。我們將這些資訊與自己的逐季相互對比，經過五、六個季度之後，發覺一個值得注意的問題，就是我們的折舊費用與競爭對手相比，呈現差距愈來愈大的趨勢。

主要原因就在於我們固定資產科目攤提年限遠大於競爭對手，我們是分十五年攤提，而競爭對手則是八至十年。折舊攤提的前幾年，我們的折舊費用會偏低③。但到了第八年（二〇〇五年）時，我們的折舊費用就開始高於競爭對手，而且差距愈來愈大。這個問題直接影響到我們的獲利及每股盈餘，也會影響連帶股價。在雙方激烈競爭時，這些因素都不容我們忽略。

這件事也凸顯出過去公司治理不彰所帶來的後遺症。當初的經營團隊為了美化財務數字，打擦邊球來墊高初期的盈餘，但從第八年起就得承擔苦果。如果讓這個隱藏的問題持續下去，對公司未來的股價十分不利，必須採取非常措施來解套。

當時3G服務已逐漸成為主流，各家電信業者都使出渾身解數，設法把2G客戶升等為3G，2G系統的淘汰是遲早的事。而當時我們的2G系統在固定資產帳上卻掛著一百多億的未攤提餘額。二〇〇七那年，我們決定以一次將帳上殘值

注③：分十五年攤提，每一年度攤提的成本，是分八年攤提者近乎一半，因此有助於美化前八年財報的帳面數字。

全數打消的大動作，還原帳上固定資產的真實價值。一百多億絕對是一個大數字，一次打消對當年度的盈餘有很大的影響，若是處理不慎，可能引起投資人的恐慌而瘋狂拋售我們的股票。

但我認為長痛不如短痛，我們應該忠實呈現財務報表的真實面貌，況且這筆損失並沒有造成在現金流量上的損失，股市投資人重視的是公司的未來而不是過去，若能解釋清楚我們的做法及配套措施，應該可以得到投資人的諒解。由於這是財務報表的一個重大變動，我花了功夫跟幾位獨立董事溝通，獲得了審計委員會成員的一致支持。果不其然，我們付諸實施後並沒有對股價造成太大的衝擊，投資人的支持讓我們安然度過了這場危機。這件事情再一次證明採取高標準公司治理的價值。

措手不及的跨年斷訊事件

正當公司邁向榮景之際，卻發生了一件沒有人意料到的大事。每年的最後一天夜間，台北市政府都會在市府廣場舉辦跨年晚會，吸引了數十萬民眾在現場同歡。幾家電信公司都非常重視這個場合，各自加派多輛訊號加強車到現場，確保在場的用戶手機通訊順暢無阻，拚的是用戶午夜前後的簡訊收發總數，爭的是「輸人不輸陣」的氣勢。

二〇〇八年的十二月三十一日深夜十一時四十分，距離午夜倒數還不到二十分鐘的時間，跨年晚會現場的台灣大哥大客戶手機訊號突然全部故障，無法發出及接受祝賀新年的簡訊。午夜之後，我們的客服中心接到排山倒海的抱怨電話，所有當班的客服人員，包括第一線督導的主管，全都跳下去接電話接到手軟，客服中心的總經理朱黃傑也漏夜坐鎮現場，為客服人員排除困難及打氣，期盼網管中心能及時回報通訊恢復正常的好消息。但時間一小時、一小時的過去，卻等不到好消息。此時我們才發現出問題的不僅限於在市府廣場的人，約有數十萬位於北台灣的用戶手機都不通，這個問題一直延續到次日下午才逐步恢復正常。

我們怎麼會在如此關鍵的時刻，發生這麼嚴重的失誤？這對公司的商譽是嚴重的打擊，我次日接獲報告後，立即召集相關人員開會。除了責成我一向信賴的技術長林秋明於最短時間內提出檢討報告，也親自致電我們的主要設備供應商諾基亞在台負責人，要求諾基亞積極協助調查這場震驚電信業者的當機事件，歸根究柢，我們使用的是他們的設備及技術。初步調查結果顯示，這場當機並非出自於人為疏失，而是有外力破壞我們的資料庫造成的結果，否則當機的時間不會長達半天以上。這外力到底是喜歡惡作劇的無名駭客，還是另有其人，需要進一步追查。諾基亞把留下蛛絲馬跡的硬體設備送到亞洲地區研發中心判讀，但並未得到具體的成果。若是再轉送回芬蘭總部，可能曠日廢時，幾個月也不一定有結果，事情似乎就此卡住了。

我們沒有死心，請教了調查局。調查局建議讓他們的電腦犯罪防治中心試試看，結果竟然成功查出犯罪者的入侵路徑，調查局因此循線逮捕了犯案者。此人不是駭客，而是一位過去在諾基亞任職、參與台灣大哥大網路建設的工程師。這位工程師是國內一流大學電機研究所畢業的高材生，在諾基亞受過扎實的專業訓練。也許是能力出眾，恃才傲物，以致在職期間有服務態度的問題，雖經告誡卻剛愎自用，最後以「被請辭」收場。他因此挾怨報復，蓄意引爆這個當機事件。由於他的專業能力很強，因此他處心積慮的設計這場犯行。我們初步調查時，就發現犯案者十分狡猾，抹去了曾經走過的足跡，我們只能乾著急。但有一件事是擺明的，就是此案若是一人獨自犯案，則此人必定同時具備類比訊號及數位訊號兩種不同的專業訓練。這樣的人其實不多，因此這位工程師早已在嫌犯名單上，只是我們沒有直接證據。但凡走過必留下痕跡，最終調查局還是查出了他的犯罪事蹟，將他繩之以法。

這件事讓我對調查局的專業辦案能力刮目相看。此外，我心中有很多感觸：我們的下一代是怎麼了？一個專業如此優秀的年輕人，竟然在價值觀上有這麼大的偏差，讓我覺得憂心不已。

收購台灣固網

台灣固網的主要股東與台灣大哥大是同一批投資人。政府開放行動通訊執照後，接著又開放固網執照。由於行動通訊產業的發展迅速，外界此時都看好電信事業的前景。因此，即便政府訂下相當高標準的最低資本額四百億元，台固在募集資本上並無任何困難，一口氣就募足了九百二十二億元。當時固網電信股條④在地下市場的交易熱絡，一張股條喊價到每股十四、十五元。這種近乎瘋狂的股條炒作行為引起政府當局的注意，並開始取締，市場才逐漸恢復正常。

台灣固網雖然順利募集到九百億餘元現金，但實際的業務進展遠遠不如預期。固定通訊網路的建設困難重重，且耗資甚巨，幾家新設的固網公司都端不出牛肉到檯面上來。台灣固網也不例外，在本業上做了少許建設，發覺成效不佳後就收手，坐擁巨額資金卻沒有什麼作為。當時的決策者孫道存想出一個妙計，就是向太平洋電線電纜買下該公司手中持有的台灣大哥大股權，一舉成為擁有三成台灣大哥大的最大股東。接著對外宣布成立台灣電信總管理處，一套人馬經營兩家公司。表面上看起來煞有介事，其實骨子裡是幫自己的大本營太平洋電線電纜套現數百億現金，而孫道存仍可透過台灣固網繼續掌控台灣大哥大。看起來是個高招，我相信孫道存萬萬沒有想到，這樣的巧思反而種下讓他日後痛失江山的禍根。

除了投資，台灣固網在本業上始終找不到可行的商業模式，本業營運年年虧損，沒有絲毫轉機。幾年下來，台灣固網的股東怨聲迭起，讓後孫道存時代兼任台灣固網董事長的蔡明忠倍感壓力。為對股東有所交代，台灣固網在二〇〇四年辦理每股三元現金減資，將手中多餘的資金退還股東，讓原始股東可以拿回當初出資額的三〇%。接著，蔡明忠就想推動台固與台哥大的合併，讓台固的股東解套。

起初，我對蔡明忠這個想法心中有些保留，一方面我覺得台固的每股合理價值

注④：公司尚未成立的預繳股款收據。

還要再詳加計算；另一方面，因台固擁有台哥大三成的股權，這樣的逆向合併牽扯的層面甚廣，對台哥大的股東是否有利必須多方考量。由於這件事涉及關係人交易[5]，我也要兼顧公司治理層面的考量，的確是一個不易做答的考題。

在探討過程中，財務副總俞若奚提出一個觀點，就是台固轉投資的富洋媒體科技公司[6]過去兩年因開拓寬頻業務，營收年成長率佳，未來可望增值不少。我進一步了解之後，心裡的疑慮降低了許多。二〇〇六年上半年，我們多次討論收購台固可能造成的影響，並向蔡明忠提出報告。在內部會議中，我們首先達成的共識是，公開收購是比較實際可行的第一步，價格如何訂定還要再討論。

蔡明忠的想法是以每股八元五角收購，這個價格可以讓原始股東回收當年投資的全數金額，自然對股東有一定的吸引力。但我站在台哥大股東的立場，覺得比較安全的價格是每股八元，這個價格可以讓原始股東回收當初投資的九八％。我與蔡明忠就此價格討論了好幾個星期，最後雙方妥協在每股八元三角，亦即把原始股東回收比例提高至九九・九％。當時台固的股票已經在興櫃市場交易，以當時的市場成交價來看，每股八．三元代表超過三〇%的溢價，應該很有吸引力。就台固帳上資產來看，帳面資產約為每股七．五至八元，如果把富洋的潛在價值考慮進來，我們的出價是符合台哥大股東利益的。

二〇〇七年三月初，我們正式對外發出公開收購台灣固網股權的公告後，卻遭遇到一股無形的阻力。有人在市場散播公開收購不會成功的謠言，意圖影響台固股東回應的意願。記得公開收購期的前兩週，市場反應非常冷淡，多數股東都還是存觀望的態度。媒體詢問我提高價格的可能性時，我都不回應。三月下旬，在一次內部會議中也有主管問我同樣的話，我當場回答：「只要我還是總經理，公開收購的價格就不會調高。」消息傳出後，台哥大考慮加價的謠言漸止。此時我們也動員了不少人力積極聯絡台固的股東，爭取他們的支持，終於在三月底越過收購四一%股權的門檻，等到公開收購期間結束時，共有七三%的股東接受收購。這個收購案總

注⑤：蔡明忠家族亦為台灣固網股東。
注⑥：為有線電視系統商。

共耗資五百三十五億元，規模為台灣資本市場上少見的。台哥大也由一個零負債公司變為負債數百億，但因收購台固猶如收購了三成庫藏股，投資人對於最後的結果給予掌聲，我們的股價節節上升，這是台灣大哥大一個新的里程碑。

——功成身退——

二○○七年成功收購台灣固網，對於台灣大哥大是很大的加分。我們不僅跨足固網業務，也涉入有線電視及寬頻服務。我們的營運版圖持續擴張，留給投資人許多想像空間，我們既然率先搭上數位匯流這班特快列車，也免不了面臨許多新的挑戰。

打過美好一仗，交棒年輕世代

二〇〇八年間，基於新種業務發展迅速，我將業務團隊重組為三大事業群，藉此賦予各事業群營運長更大的運作空間，同時心中暗忖：假以時日，即應交棒給年輕一點的主管，來領導公司下一個階段的發展，心中已有聘約期滿退休的念頭。然而，我還沒有機會跟兩位蔡董事長就此交換意見，又接到蔡董事長交付的新任務：併購凱擘有線電視。經過縝密的思考，我的結論是看好這個新的發展，心想若能順利完成，台灣大哥大將有機會建立與中華電信放手一搏的實力。

不料，此次併購談判並不順利，過程中遇到一連串波折，賣方自己不願現身面對面溝通，將談判委由香港律師處理，大幅壓縮了彼此協調的空間。雙方雖然於二〇〇九年九月達成協議，但其中有若干對方律師宣稱的「雙方高層業已達成協議的祕密條款」直到簽約前幾天才曝光，這樣的模式與我一向主張的公司治理原則牴觸，也引起我心中的疑慮。

由於完整的合約內容必須經過由獨立董事組成的委員會審查，祕密條款的內容終於浮上檯面。基於職業道德，我不便多談其中內容。但由於此次併購的對價主要採取換股方式，出售方凱雷私募基金未來將成為台灣大哥大的股東，並擁有一席董事席位。我的預感是，未來的董事會運作恐將不如以往那麼單純，心中再次湧起見好即收的念頭。

我閒暇之餘喜歡閱讀歷史小說，當時剛好一口氣看完《明朝那些事兒》，讀到多位明朝歷代名相的故事，心裡有很深的感觸，當下已打定主意將於本次聘雇合約期滿時辦理退休。雖然凱擘併購案隨後被主管機關以涉及黨政軍條款為由打了回票，全案歸零、回到起點，但我並未就此打消退休的念頭。我曾數度與蔡明忠見面時企圖將話題導向我的退休，但他總是把話題岔開，避而不談。二〇一〇年八月初，距離我的合約到期日已不到六十天了，我覺得不能再拖延下去，於是寫了一封言詞懇切的信給兩位蔡董事長，明確表示了不再續約的意向。

我當初接任時，雙方簽訂一個為期三年的聘約。兩年後，蔡董事長希望將聘約期限延長為五年，我也欣然接受。五年期滿時，我表示雙方合作已經五年，業已建立良好關係及互信，似乎無須再以合約方式互相拘束對方。然而，蔡董事長覺得無須改變過去五年的合作模式，由於他的堅持，我同意再簽兩年約，並要求加入退休條款，亦即藉這些條款間接表明期滿退休之計畫。因此這次合約屆滿，我堅決表明退意，兩位蔡董事長見我辭意甚堅，也就不再勉強我留下，開始跟我討論接任人選，並希望我留任至當年年底。

十月一日上午，我召集我的團隊，宣布我將於年底卸任的消息，我引用《聖經》裡的話：「那美好的仗我已經打過了」做為我簡短談話的結語，話說了一半時，我的眼眶已經泛紅，情感上確實有些難捨這群夥伴。次日，兩大財經報系都以顯著篇幅報導這個消息，除了表示意外，也對我過去七年的貢獻諸多肯定。

回顧我七年前接任時，台灣大哥大的股價是二十四元，如今已經高達六十四元，總市值也由當時的一千兩百億元大幅增值為兩千四百億元。在非量化的指標方面，台灣大哥大從一個被視為財大氣粗的公司，轉型為在社會責任及客戶服務多次得獎的企業，並被《天下雜誌》及《亞洲華爾街日報》分別選為十大標竿企業及台灣十大最被尊崇企業之一（如下頁附表一）。我在台灣大哥大服務的七年，讓我攀上了一生事業的顛峰。

為台灣再披戰袍

告別台灣大哥大的兩週前，我接到王雪紅董事長的邀約見面來電。我在台積電時，已經認識王雪紅與陳文琦，但沒有深交。見面時王雪紅關心我未來的動向，我告訴她，我在工作三十餘年之後，希望過幾天清閒日子，進入半退休狀態。不過有個例外，就是進入媒體業工作，因為台灣的媒體實在太亂，對社會造成很大的影響。我很想進去看看為什麼他們要採取這樣的經營模式。聽到我如此說，王雪紅臉上頓時露出笑容，原來她即將買下香港ＴＶＢ的控股權，希望找到人在這事上協助她，尤其有關台灣ＴＶＢＳ的經營。她隨即說明，她投資媒體的目的不是為了賺

附表一：台灣大哥大 2003 年到 2010 年重要獲獎紀錄

2003 年	《*AsiaMoney*》評選為台灣地區公司治理進步第一名、投資人關係改善第二名
2004 年	《*Euromoney*》台灣公司治理第一名
	《壹周刊》「服務第壹大獎」台灣地區行動電信服務第一名
2005 年	《遠見雜誌》「第一屆台灣企業社會責任獎」服務類首獎
	《天下雜誌》2005 年「台灣最佳聲望標竿企業」電信服務業第一名
	《遠見雜誌》傑出服務獎通訊業第一名
2006 年	第四屆台灣企業獎「最佳社會貢獻獎」，總經理張孝威榮獲「傑出管理人獎」，為該獎史無前例，同時獲得最多獎項之企業
2007 年	《天下雜誌》第一屆「天下企業公民獎」，並於「公司治理」指標中名列第一名
	榮獲《資安人雜誌》主辦、行政院研考會指導的「2007 資安貢獻獎」，電信業唯一獲獎企業
	《Cheers 雜誌》第二屆快樂工作人大獎「最佳企業雇主獎」，電信業唯一獲獎者
2008 年	《華爾街日報》評選亞洲 200 最受尊崇企業、台灣前十大最受尊崇企業
	2008《天下雜誌》公司治理指標第一名
2009 年	榮獲《數位時代》「台灣科技 100 強」第六名，創下該獎項有史以來電信業最佳成績
	榮獲行政院環保署頒發第十八屆「中華民國企業環保獎」，為首家獲此殊榮的服務業企業
2010 年	獲《*Euromoney*》台灣地區「最佳公司治理」及「最令人信服及一致的經營策略」兩項評比第三名
	獲「第六屆遠見企業社會責任獎」，善用核心能力成為 CSR 標竿

錢，而是希望台灣至少有一家有理想、正派經營的媒體，帶給社會向上的力量。她的目標跟我的想法不謀而合，我當即表達願意參與。

然而，事情的發展並不如預期。王雪紅雖然是這場股權易手的最大出資者，卻無法對TVB的決策有太多影響力，遑論插手台灣方面的人事布局。其實在香港方的股權易手之後，當時兼任TVBS董事長的TVB副主席梁乃鵬來台表示，邀請我與陳文琦加入TVBS董事會，並選我為副董事長，年底時再交棒給我。不料，我至TVB洽談其他事宜時，梁乃鵬突然找我到他辦公室，跟我說因為有人反對副董事長的事，他必須暫緩，為此表示歉意。

我在職場三十餘年，從來沒有聽說過這種事情，如此重大的事情竟然形同兒戲，我實在無法理解。但這是買方與賣方股東之間的事，我不宜自行處理，當場就沒有多說。更不可思議的事是，幾天之後，某大報竟然報導我即將接任TVBS董事長，這分明是刻意放消息讓我難堪。但我沒有上當，只是發了一個澄清「傳聞不實」的新聞稿。事情延宕了幾個月的時間，我只能拿出耐心，等待人事異動的發生。這一等，大半年就過去了，直到次年春節前，我才接獲通知：梁董事長將於二月底清空辦公室，以便我三月開始進駐。二〇一一年五月，我正式接任TVBS董事長。

TVBS成立於一九九三年，是台灣第一家衛星電視台。當時台灣還是處在無線電視壟斷市場的局面，TVBS在創始之初，以創新的節目思維開疆闢土，為自己撐起一片天。然而，隨著股權結構及管理階層的異動，TVBS對觀眾的號召力已不如往昔。雖然仍執電視新聞頻道之牛耳，經營已經呈現疲態。如何喚醒這頭沉睡中的獅子，及早因應數位匯流帶來的衝擊，是我下一段旅程中最大的挑戰。

後記

正在一段征途上

從起心動念到完成十一萬餘字的文稿，只隔了半年的時間，我自己也覺得驚訝。這本書寫下了我職場中經歷的人、事、物，寫作過程中，往事歷歷在目，當我憶及過往許多關鍵時刻上帝的帶領，心中充滿感恩。我是一個有主見的人，從來就不是聽命行事的乖乖牌，在工作時最不喜歡的就是老闆管我太多。但上帝用祂的愛收服了我。套用《聖經》的話：「神的永能和神性是明明可知的，雖是眼不能見，但藉著所造之物就可以曉得，叫人無可推諉①。」在四十年的職涯中，上帝對我的眷顧從未間斷。

二十五年前我因著神的愛，從極大的挫折中重新站立起來，並開始進階我的信仰歷程。我從信仰中清楚認識一件事，就是神是可以被經歷的。我舉一、兩個例子說明。

進入台積電初期，我必須盡快讓自己適應這個陌生的環境時，神用《聖經》中一句話：「求祢指教我們怎樣數算自己的日子，好叫我們得著智慧的心②」指引了我如何調整自己，讓自己的心安定下來，迅速的融入。進入台積電的後期，我發現我的右腿有點問題，不能久站或久走，隨後情況愈演愈烈，站立不到十分鐘就開始痠痛，看遍群醫都無法治癒。我轉戰台灣大哥大後不久，有位素未謀面的牧師經人介紹來台灣大哥大拜訪我，剛坐下就表示，上帝差派他來為我禱告，醫治我的右腿。我當時半信半疑，但他禱告完離開後，我發覺我的右腿真的好了。神的奇妙恩典，讓我驚嘆不已。當我正在思考應否從台灣大哥大退職時，另一位不曾見過面的

注①：《聖經》羅馬書「1：20」。
注②：《聖經》詩篇「90：12」。

牧師來訪，在禱告中預言我將進入媒體業。「若不是耶和華建造房屋，建造的人就枉然勞力；若不是耶和華看守城池，看守的人就枉然儆醒。③」若不是神數不盡的恩典，我不會是今日的我。

撰寫此書回顧過往四十年，除了向神感恩，我也衷心感謝在關鍵轉折點遇見的多位貴人，包括孔士諤先生、賈新葆先生、錢純先生、應昌期先生、李仲英先生、徐立德先生、張忠謀先生，他們對我的知遇之恩，我永誌難忘。

撰寫這書的取材難免有些取捨，我自二〇一〇年起，在艾森豪獎金協會旗下舉辦「兩岸青年領袖研習營」，每年暑假期間，邀請來自對岸二十所高校、四十餘位代表來台做為期三週的參訪，三週期間我們舉辦大約二十場講座，讓這群年輕人從各個面向認識台灣。兩岸和平相處的基礎在互相了解，我期盼藉著這個活動的經年舉辦，兩岸的下一代能有智慧的看待兩岸關係。這個活動至今已經延續八年，已有三百二十餘位對岸的青年精英與台灣建立了深度的連結。礙於篇幅，我未能在書中詳述其中的點滴，在此一提以為紀念。此外，此書的完成得力於張甄薇女士不辭勞苦承擔繁瑣的文字整理工作，在這裡藉機會表達我的感謝。

我的職場故事暫時停在五年前接任ＴＶＢＳ董事長的時刻。媒體在民主社會中是極具影響力的第四權，同時肩負社會教育者的任務。但曾幾何時，媒體竟淪為台灣最大的亂源。進入媒體業，我心中有強烈的使命感，期勉自己帶來正向的改變，為社會貢獻心力。媒體的經營是困難的，在數位匯流的洪流衝擊下，傳統媒體的生存正面臨嚴苛的考驗，即使聞名國際的領導品牌如《紐約時報》、《華盛頓郵報》等也不能倖免。ＴＶＢＳ雖執國內電視新聞頻道之牛耳，照樣面臨收視人口年年遞減的挑戰，只有劍及履及的全方位改造，才有光明的未來。我正在推動中的多項變革，雖已見初步成效，但尚無定論。期盼在上帝的恩典中為ＴＶＢＳ寫下光輝的新頁，屆時再與讀者分享下一段職場旅程的新故事。

張孝威

寫於二〇一八年一月

注③：《聖經》詩篇「127：1」。

張孝威個人大事記

一九五一年——◎出生於台北市
一九五七年——◎就讀再興小學
一九六三年——◎就讀大安初中
一九六六年——◎就讀建國中學
一九六九年——◎就讀台灣大學
一九七二年——◎父張心洽先生驟逝

一九七三年 ◎台灣大學地質系畢業

一九七五年 ◎就讀美國賓州大學華頓商學院（The Wharton School）

一九七七年 ◎獲華頓商學院企管碩士

◎與許蒙愛女士結婚

◎美國加州廣東銀行研究員

一九七八年 ◎花旗銀行台北分行儲備幹部

一九七九年 ◎花旗銀行台北分行世界企業部副理

一九八一年 ◎摩根銀行台北分行業務部經理

一九八三年 ◎兼任紀念張心洽先生基金會董事長

一九八四年 ◎交通銀行國外部經理

一九八七年 ◎交通銀行信託部經理

一九八九年 ◎大華證券總經理

一九九二年 ◎中華開發信託公司總經理

一九九三年 ◎中華證券投資信託公司董事長

一九九七年
◎和信電訊副董事長

一九九八年
◎台積電（TSMC）資深副總暨財務長
◎獲賓州大學華頓校友會總會頒「卓越服務獎」

二〇〇〇年
◎《亞洲財務長》雜誌（*CFO Asia*）首屆「Achievement in Best Practice Award」

二〇〇一年
◎《亞洲財金》雜誌（*Finance Asia*）「Best CFO in Taiwan」
◎《投資人關係》雜誌（*IR Magazine*）「Best IR Officer」獎
◎兼任竹科廣播公司（IC之音）董事長

二〇〇二年
◎獲艾森豪獎赴美考察七週
◎《亞洲財金》雜誌（*Finance Asia*）「Best CFO in Taiwan」

二〇〇三年
◎《亞洲財金》雜誌（*Finance Asia*）「Best CFO in Taiwan」
◎台灣大哥大總經理暨執行長

二〇〇四年
◎兼任華頓基金會董事長

二〇〇五年
◎兼任台灣基金（Taiwan Fund Inc.）董事長（二〇一二年卸任）

二〇〇六年
◎獲《中國時報》第四屆台灣企業獎之「傑出管理人獎」

二〇〇八年
◎當選亞太商工總會（CACCI）會長（二〇一〇年卸任）
◎獲CFA Taiwan Society「卓越貢獻獎」

二〇〇九年
◎獲安永會計師事務所「標竿創業家獎」

二〇一〇年
◎開辦首屆「兩岸青年領袖研習營」
◎赴首爾出席首屆G20 Business Summit

二〇一一年
◎台灣固網副董事長

二〇一二年
◎TVBS董事長

二〇一五年
◎促成香港TVB出售TVBS聯意製作公司五三%股權給利茂、德恩及連信三家台資投資公司

二〇一六年
◎促成香港TVB轉讓其餘四七%股權，TVBS聯意製作成為百分之百台資企業
◎聯意製作更名為聯利媒體股份有限公司。英文更名為「TVBS Media Inc.」
◎獲美國花旗銀行總部頒「傑出校友獎」

國家圖書館出版品預行編目 (CIP) 資料

縱有風雨更有晴：張孝威直說直做 / 張孝威著 . -- 第一版 . -- 臺北市：遠見天下文化，2018.02

面；　公分 . -- (財經企管 ; BCB638)

ISBN 978-986-479-382-2(平裝)

1. 張孝威 2. 企業家 3. 回憶錄

783.3886　　107000564

財經企管 BCB638

縱有風雨更有晴：
張孝威直說直做

作者 — 張孝威
總編輯 — 吳佩穎
責任編輯 — 黃安妮
封面設計暨內頁設計 — 江儀玲
內頁照片提供 — 張孝威

出版者 — 遠見天下文化出版股份有限公司
創辦人 — 高希均、王力行
遠見・天下文化 事業群董事長 — 高希均
事業群發行人／CEO — 王力行
天下文化社長 — 林天來
天下文化總經理 — 林芳燕
國際事物開發部兼版權中心總監 — 潘欣
法律顧問 — 理律法律事務所陳長文律師
著作權顧問 — 魏啟翔律師
社址 — 台北市 104 松江路 93 巷 1 號 2 樓
讀者服務專線 — （02）2662-0012
傳真 — （02）2662-0007；2662-0009
電子信箱 — cwpc@cwgv.com.tw
直接郵撥帳號 — 1326703-6 號　遠見天下文化出版股份有限公司

電腦排版／製版廠 — 中原造像股份有限公司
印刷廠 — 中原造像股份有限公司
裝訂廠 — 中原造像股份有限公司
登記證 — 局版台業字第 2517 號
總經銷 — 大和書報圖書股份有限公司 電話／（02）8990-2588
出版日期 — 2018 年 2 月 7 日第一版第 1 次印行
2022 年 10 月 5 日第一版第 8 次印行

定價 — NT480 元
ISBN — 978-986-479-382-2
書號 — BCB638
天下文化官網 — bookzone.cwgv.com.tw

天下文化

BELIEVE IN READING